영적침체와 회복

요한네스 후른비크(Johannes Hoornbeeck) 지음

황영식 목사 옮김

영적침체와 회복

초판 1쇄 발행 2011년 12월 1일

지은이 요한네스 후른비크
옮긴이 황영식
펴낸이 정종현
펴낸곳 도서출판 누가
디자인 아트엘
제작   이영목
등록번호 제20-342호
등록일자 2000. 8. 30
서울시 강서구 염창동 282-19 현대아이파크상가 B 102호
전화 (02)**826-8802** 팩스 (02)**826-8803**
이메일 lukevision@hanmail.net

정가 값 12,000원
ISBN 978-89-92735-63-6 03230

영적침체와 회복

이 책은 히스베르트 푸치우스의
"영적 침체" 에 이은 두 번째 책입니다.

차례
CONTENTS

SPIR1TUAL
Depression&Recovery

SPIRITUAL
Depression & Recovery

1장 영적 침체란 무엇인가?

요한네스 후른비크(Johannes Hoornbeeck)가 말하는 영적 침체

chapter 1

　　여러 명의 저자들이 한 주제를 가지고 글을 쓰는 것은 전혀 새로운 일도 놀랄만한 일도 아니다. 오히려 그 주제가 그만큼 중요하여 보다 깊은 이해와 연구가 필요함을 시사해준다. 어거스틴은『삼위일체론(The Trinity)』을 통해 많은 저자들이 한 주제에 대해 다양한 글을 쓰도록 권유하고 있다. 키프리안(Thascius Caecilius Cyprianus)이 스승 터툴리안(Quintus Septimius Florens Tertullianus)의 저작을 날마다 읽으며, 동일한 주제에 관해 글 쓴 것을 보고 아무도 비난하지 않았던 이유가 바로 여기에 있다. 키프리안은 "인내"와 "여성들의 의복"이라는 주제를 다루며 스승 터툴리안의 개념과 근거를 자주 인용한다. 유대인이 즐겨보는 탈무드에서 한 랍비는 말하기를, "학생으로 하여금 자신의 생각을 표현하지 못하게 하는 사람은, 부모로부터 물려받은 것을 빼앗고자 하는 사람과 같습니다. '모세가 우리에게 율법을 명령하였으니, 곧 야곱의 총회의 기업이로다'(신 33:4)라는 성경 구절은 바로 이런 의미이지요."

　　영적 침체, 혹은 영적 버림받음도 여러 저자들이 다뤄야 할 주제이다. 그럼에도 고대의 많은 저자들은 이 문제를 구체적으로 다루지는 않고 있다. "고난"이나 "시험과 유혹"이라는 제목으로 글을 남기거나, 아가서를 주석하며 스치듯 언급하는 것이 전부이다.

영적 침체와 이를 둘러싼 문제들은 '하나님의 영'을 소유한 사람만이 이해할 수 있는 영역이다. 하나님과 멀리 떨어져 사는 사람들은 이스라엘 나라 밖의 사람이라, 약속의 언약들에 대하여는 외인이요(엡 2:12) "우리는 성령이 계심도 듣지 못하였노라"(행 19:2)고 뻔뻔스럽게 말하는 자들이다. 이들에게 영적 침체라는 것은 그저 공상에 불과한 말도 안 되는 허구일 뿐이다.

그러나 하나님의 능력과 은혜로 말미암아 새롭게 태어난 이후 하나님의 영과 함께 살아가는 사람들은 영적 침체라는 것을 분명히 경험한다. 원인을 규명할 수 없는 질병에 걸린 환자처럼, 그 원인도 명칭도 모른 채 영적 침체를 겪는다. 하지만 이러한 어려움 가운데 있는 사람들을 어떻게 다뤄야 하는지 전문적인 지식이 없는 경우가 대부분이다. 그리하여 영적 침체를 다른 문제와 오해하여 그 고통의 본질과 치료방법을 올바로 파악하는데 실패하게 된다.

영적 침체라는 주제가 갖고 있는 난해함, 그리고 이것을 바르게 가르쳐야만 한다는 필요성은 왜 우리가 이 문제에 대해 또 다시 글을 써야 하는지 잘 설명해준다. 특별히 목회와 영혼을 돌보는 일에 헌신

하기 위해 훈련 받고 있는 학생들에게 도움이 될 것이다.

그렇기 때문에 나의 동료이자 존경 받는 학자인 푸치우스 박사가 이 주제를 이미 다뤘음에도 다시 한 번 되짚어 볼 필요가 있는 것이다. 보다 많은 사람들이 이 주제를 부지런히 다루길 바란다. 깊은 침체로 인해 자신의 모든 것을 내어주고서라도 위로와 가르침을 얻고자 하는 이들에게 도움과 위안을 주어야 하기 때문이다. 단순히 육체적인 질병과 고통을 경감시키려는 사람들을 위해서가 아니라, 큰 염려 가운데서 영혼이 몸부림치는 이들을 향한 위로가 될 것이다.

영적 침체나 영적 버림받음을 경험할 때, 우리의 영혼은 극심한 시련을 겪으며 지옥에서나 경험할 듯한 두려움과 슬픔을 맛보게 된다. 그러나 하나님께서는 우리를 이런 지옥과 같은 고통 속에서 건져내시고, 기꺼이 하늘나라로 인도하신다. 욥은 고백했다.

> 내 마음이 들끓어 고요함이 없구나, 환난 날이 내게 임하였구나 (욥 30:27)

> 다윗도 말하기를, 내 심장이 뛰고, 내 기력이 쇠하여, 내 눈의 빛도 나를 떠났나이다 (시 38:10)

이사야에는 "여호와께서 너를 부르시되, 마치 버림을 받아 마음에 근심하는 아내, 곧 어릴 때에 아내가 되었다가 버림은 받은 자에게 함과 같이 하실 것임이라"고 기록되어 있다(54:6). 예레미야서에도 잘 표현되어 있다.

> 엄중한 말씀이 무엇이냐 묻느냐? 여호와의 말씀에 내가 너희를 버리리라 (렘 23:33)

> 나의 마음이 불붙는 것 같아서 골수에 사무치니 답답하여 견딜 수 없나이다 (렘 20:9)

영적 침체는 우리의 영혼이 영적인 문제에 관해 무기력해져 있는 상태이다. 이런 영적 상태는 "버림" 혹은 "포기"로 묘사되기도 하는데, 이는 곧 무언가가 궁핍한 상태임을 의미한다. 우리가 어두움을 빛이 없는 상태로 이해하고, 무언가를 본 경험이 없는 사람을 장님이라고 이해하는 것과 비슷하게 "영적 침체"를 이해할 수도 있다. 즉, 하나님의 은혜를 돌이켜 생각해볼 수 있는 능력이 없는 상태를 말한다. 여기서 하나님의 은혜를 생각할 때, 어떤 이들은 우리의 삶을 풍요롭게 하기 위해 우리에게 허락하신 호의로 이해할 것이고, 어떤 이들은 하나님께서 우리 안에 부어주신 모든 유익함(특별히 영적인 유익함을 의미하는데, 이것이 바로 우리가 다루고자 하는 것이다)으로 받아들이기도 할 것이다.

성경에 하나님께서 "은혜를 베풀다"라고 기록된 부분은 위에서 말한 첫 번째 경우에 해당한다(출 33:19). 두 번째 경우는, 우리가 하나님으로부터 "은혜를 얻었다"라고 묘사된다. 로마서 1:7에는 "은혜와 평강"을, 베드로전서 4:10에는 "여러 가지 은혜"를, 요한복음 1:16에는 "은혜에 은혜를 더하여" 우리가 하나님으로부터 은혜를 얻었다고 기록되어 있다. 여기서 하나님의 자녀에게 주어지는 은혜는 믿음과 소망, 사랑이 그 핵심이자 본질이며, 이러한 은혜의 결과로 우리가 구원을 얻고 하나님의 평화와 위로, 기쁨을 느끼게 되는 것이다.

은혜의 본질, 곧 믿음과 소망, 사랑은 매우 필수적인 요소임에도, 우리에게 선물로 주어진다. 하나님의 선택함을 받은 모든 이들에게 값없이 주어지고 그들 안에 변하지 않고 남아있게 된다. 결코 잃어버릴 수도 없다. 사도 요한의 기록처럼 "주께 받은바 기름 부음이 너희 안에"(요일 2:27) 거하게 되고, "그의 씨앗이 그 속에" 머물러 있는 것이며, "썩지 않을 씨"(벧전 1:23), "심어진 말씀"(약 1:21; 마 13:21 참조)이 우리 안에 견고히 자리 잡고 있는 것이다.

그러나 그 은혜를 우리가 느낄 수 있느냐 하는 것은 사뭇 다른 문제이다. 의식이 없는 사람이나 겨울잠을 자는 식물, 불타오르는 불꽃처럼, 희미해지거나 줄어들기도 하고, 잠시 동안 사라지기도 하기 때문이다. 이렇듯 믿음과 성령이 항상 우리 영혼 속에 거하지만, 잠시 움직임을 멈추고 우리에게 영향을 미치지 않을 때도 있는 것이다. 그러므로 우리가 성부 하나님과 성자 하나님을 믿고(요14:1) 그 안에서 기뻐한다는 것은, 우리에게 값없이 주어진 은혜와 선물을 느낄 수 있기 때문이다. 믿음의 한 결과로써 우리는 믿음을 인식하게 되고 영혼 속에 평화를 갖게 된다. 우리가 믿는 하나님께서 우리 안에서 일하고 계심을 느끼게 되면 이루 말할 수 없는 기쁨을 맛보게 되는데, 이것이 바로 믿음의 결과로 우리 영혼 안에 생기는 기쁨이다. 우리가 하나님의 도우심과 그의 영광, 하늘의 기쁨을 충분히 느낄 수 있도록 하나님께서 한량없이 부어주시는 것이다.

그렇다면, 하나님께서 이 은혜를 거두실 때 우리의 영혼은 어떻게 될까? 분명히, 하나님께서는 그의 은혜와 도우심을 모두 거두어가지는 않으신다. 우리의 구원에 필요한 은사와 선물을 완전히 빼앗아가지는 않으신다.

> 내가 네 앞에서 물러나게 한 사울에게서 내 은총을 빼앗은
> 것처럼 그에게서 빼앗지는 아니하리라 (삼하 7:15)

하나님의 선택을 받지 못한 사람들에게도 일반적인 은혜가 주어진다는 사실은 사울이 사무엘에게 한 말에서 잘 드러난다.

나는 심히 다급하니이다... 하나님은 나를 떠나서...

(삼상 28:15)

그리스도 예수 안에서 하나님의 자녀로 택함을 받았고, 그 구원의 은혜와 은총을 경험한 사람들은, 하나님으로부터 결코 버림을 받지 않는다.

여호와께서는 너희를 자기 백성으로 삼으신 것을 기뻐하셨으므로 여호와께서는 그의 크신 이름을 위해서라도 자기 백성을 버리지 아니하실 것이요 (삼상 12:22)

느헤미야 9:31에서도 잘 나타난다. "주의 크신 긍휼로 그들을 아주 멸하지 아니하시며 버리지도 아니하셨사오니, 주는 은혜로우시고 불쌍히 여기시는 하나님이심이니이다." 하나님께서 자녀로 선택하신 사람들을 영원히 버리시지 않으신다는 것은 바로 이러한 이유 때문이다. 비록 그들이 죄를 짓고 버림받아 마땅한 수준의 삶을 살더라도 하나님께서는 은혜와 자비하심으로 그들을 대하시는 것이다.

내가 너를 결코 너희를 버리지 아니하고 너희를 떠나지 아니하셨느니라 (히 13:5)

여인이 어찌 그 젖 먹는 자식을 잊겠으며, 자기 태에서 난

아들을 긍휼히 여기지 않겠느냐. 그들은 혹시 잊을지라도
나는 너를 잊지 아니할 것이라 (사 49:15)

　그렇다면 하나님께서 어떤 영혼을 버리셨다는 말은 무슨 뜻일까? 이 말은, 한 영혼을 구원하는데 필수적이지 않은 요소들, 다시 말해, 기쁨의 느낌이나 감정 등을 잠시 거두어 가심을 뜻한다. 우리의 영혼이 더 이상 하나님의 은혜와 선하심을 맛보지 못하고, 하늘의 위로와 기쁨을 누리지 못하게 되는 것이다. 영혼은 더 이상 하나님의 은혜를 느끼지 못하게 되고, 그 안에서 쉼을 찾지 못한다. 그리하여 종교적인 행위이건 다른 어떤 종류의 일이건, 아무런 기쁨을 얻지 못한 채, 이전에 하나님의 축복 속에서 누리던 안식과 즐거움을 그리워하게 된다. 이렇게 해서 영혼은 침울하고 메마른 상태에 빠지게 되며, 안식을 잃어버린 채 불안과 낙담 속에서 하나님과 갈등하게 되는 것이다. 얼마 전까지만 하더라도 영혼을 위로하시던 하나님께서 이제는 마치 화가 나신 것처럼 그 은혜로운 얼굴을 돌리고 계신다. 하나님께서 그 영혼을 버리신 것이요, 좌절케 하신 것이다. 이제 영혼은 부르짖을 뿐이다.

주는 내게 두려움이 되지 마옵소서 재앙의 날에 주는 나의
피난처시니이다 (렘 17:17)

이러한 영혼을 향해 폭풍이 밀려오기도 한다.

주의 폭포 소리에 깊은 바다가 서로 부르며 주의 모든 파도
와 물결이 나를 휩쓸었나이다 (시 42:7)

나는 설 곳이 없는 깊은 수렁에 빠지며 깊은 물에 들어가니
큰 물이 내게 넘치나이다 내가 부르짖음으로 피곤하여 나
의 목이 마르며 나의 하나님을 바라서 나의 눈이 쇠하였나
이다 (시 69:2-3)

다윗도 시편에 이러한 심정을 기록하였다.

내 마음이 내 속에서 심히 아파하며 사망의 위험이 내게 이
르렀도다 두려움과 떨림이 내게 이르고 공포가 나를 덮었
도다 나는 말하기를 만일 내게 비둘기 같이 날개가 있다면
날아가서 편히 쉬리로다 내가 멀리 날아가서 광야에 머무
르리로다 (시 55:4-7)

하나님 앞에서 영혼의 불안과 괴로움을 경험하는 사람들은 바
로 이런 상태에 빠지게 되고, 여기에서 벗어나기 위해 모든 것을 멀
리한 채 혼자 있으려고만 하게 된다. 보고 듣고 생각하는 모든 것이
그의 죄악을 상기시켜 상황을 악화시키기 때문이다. "제 방조차도 두
려웠습니다. 제가 무엇을 생각하는지 알 것만 같았기 때문이죠." 제

롬의 고백이다. 하나님께서 멀리 계실 때, 대적이 다가와 "하나님께서 너희를 버리셨다"고 속삭인다면 우리의 영혼은 그저 부르짖을 뿐이다. "주님! 저에게서 떠나지 마십시오. 나의 하나님, 하루 빨리 저를 도와주십시오. 예레미야에게 '그들의 재난의 날에는 내가 그들에게 등을 보이고 얼굴을 보이지 아니하리라(렘18:17)'고 약속하셨던 것처럼, 나의 대적에게 하나님의 얼굴이 아닌 등을 보여주십시오."

> 여호와여 어느 때까지니이까 나를 영원히 잊으시나이까 주의 얼굴을 나에게서 어느 때까지 숨기시겠나이까 (시 13:1)

> 여호와여 어찌하여 멀리 서시며 어찌하여 환난 때에 숨으시나이까 (시 10:1)

그러나 하나님께서 이렇게 멀리 계시는 것은 아가서의 기록처럼 잠시 떨어져 계시는 것일 뿐이다.

> 우리 벽 뒤에 서서 창으로 들여다보며 창살 틈으로 엿보는구나 (아 2:9)

다 큰 남자와 여자가 결혼을 하여 부모를 떠나 살지만, 그들이 부모를 완전히 버리는 것은 아니다. 여전히 부모를 향한 애정을 갖고 살아간다. 이런 것처럼, 그리스도께서 잠시 세상에 속해 계시지 않는 것뿐이지, 우리와 세상 끝날 까지 함께 하시는 것이다.

주님께서 삼손을 떠나신 것도, 잠시 그 분의 능력을 거두신 것이지 구원의 은혜 자체를 취소하신 것이 아니다. 그렇기 때문에 히브리서 11장에서 삼손을 구약의 대표적인 믿음의 조상으로 가르치고 있는 것이다. 이런 원리는 사도 바울이 디모데에게 보낸 두 번째 편지에서도 잘 드러난다. 내가 "처음 변명할 때에 나와 함께 한 자가 하나도 없고 다 나를 버렸으나, 그들에게 허물을 돌리지 않기를 원하노라"(딤후 4:16).

사도 바울은 '내 편에 서서 나를 도와 준 사람' 이 없다는 구절을 통해 자신 편에 굳게 서서 영적 지지를 해준 사람이 없었음을 언급하고 있다. 그들이 우정 자체를 버렸다고 말하고 있는 것이 아니다.

마찬가지로, 하나님께서는 한 영혼을 완전히 거부하고 버리셔서 그의 은혜 전체를 거두신 것이 아니다. 단지 하나님께서 잠시 중단시키셔서, 영혼이 하나님의 은혜를 느끼거나 경험할 수 없는 것뿐이다. 그럼에도 그 영혼은 하나님 안에 거하고 있음을 우리는 알 수 있다.

여호와여 나를 버리지 마소서 나의 하나님이여 나를 멀리

하지 마소서 (시 38:21)

하나님께서 때로는 잠시 떠나 계시지만, 언제나 다시 그 자리로 돌아오신다(호 5:15). 마치 어린 아이가 잠시 어머니의 손을 놓고 몇 발자국 걸어가더니 이내 무서워 우는 것처럼, 우리의 영혼도 그런 경험을 하고 있는 것이다. 그러나 어린 아이가 알아채지 못했을 뿐이지, 어머니는 한결 같은 마음으로 그를 지켜보고 있었다. 부부 사이에서도 이런 일이 일어난다. 때때로 남편이 아내를 떠나 지내야 하는 경우가 생기기도 하는데, 이로 인해 둘 사이의 사랑이 더 커지게 된다. 그리스도께서도 잠시 교회를 떠나 계시기는 하지만, 교회가 감히 헤아릴 수도 없고, 결코 가져볼 수도 없는 뜨거운 사랑으로 여전히 교회와 함께 하신다.

아가서 3장에는 그리스도께서 어떻게 그 분의 신부인 교회를 떠나 계신지, 교회가 신랑 되신 그리스도를 다시 만날 때 어떤 일이 일어나는지 잘 설명되어 있다. "내가 밤에 침상에서 마음으로 사랑하는 자를 찾았노라 찾아도 찾아내지 못하였노라"(3:1).

여기서 우리는 세 가지 사실을 발견할 수 있다. (1)그리스도께서 신부를 떠나 계시며, (2)그래서 신부가 신랑을 찾고 있고, (3)그러나 신랑을 빨리 만나지는 못한다는 사실이다. 5장에 가면, 그리스도께서 다양한 성령의 선물을 가지고 신부를 찾아오셨음에도 신부가 신랑을 맞이하지 못한 것은 그녀가 부끄럽게도 아무런 준비를 하고 있지 않았기 때문이라고 말씀하신다.

> 나의 사랑하는 자의 소리가 들리는구나 문을 두드려 이르기를, 나의 누이, 나의 사랑, 나의 비둘기, 나의 완전한 자야, 문을 열어 다오 내 머리에는 이슬이, 내 머리털에는 밤 이슬이 가득하였다 하는구나 (5:2)

이처럼 그리스도께서 먼저 교회를 찾아오셔서는 그럴만한 가치가 없음에도 축복을 듬뿍 부어주시고자 하신다. 하지만 어떤 일이 일어나는가? 신부는 "내가 옷을 벗었으니 어찌 다시 입겠으며" 하고 고민한다. 연이어 말하기를, "내 사랑하는 자가 문틈으로 손을 들이밀매 내 마음이 움직여서 일어나 내 사랑하는 자를 위하여 문을 열 때, 몰약이 내 손에서, 몰약의 즙이 내 손가락에서 문빗장에 떨어지는구나. 내가 내 사랑하는 자를 위하여 문을 열었으나 그는 벌써 물러갔네. 그가 말할 때에 내 혼이 나갔구나. 내가 그를 찾아도 못 만났고 불러도 응답이 없었노라"(3-6절)했다.

이후 신부가 신랑을 찾고자 나섰을 때는 어떤 일이 일어날까? 7절에 보면 다른 사람들이 신부에게 하는 행동이 나온다. "성 안을 순찰하는 자들이 나를 만나매 나를 쳐서 상하게 하였고, 성벽을 파수하는 자들이 나의 겉옷을 벗겨 가졌도다." 다음 절에는 신부가 어떻게 하는지 기록되어 있다. "예루살렘 딸들아 너희에게 내가 부탁한다. 너희가 내 사랑하는 자를 만나거든 내가 사랑하므로 내 병이 났다고 하려무나." 그리스도께서는 자신을 향한 신부의 이런 사랑을 인정해 주셨다. "내 누이, 내 신부야, 네가 내 마음을 빼앗았구나"(4:9).

드디어 둘이 서로 만나게 되자, 신랑의 눈에는 신부가 평안을 찾은 것처럼 보였다.

> 그들을 지나치자마자 마음에 사랑하는 자를 만나서 그를
> 붙잡고(3:4)

그레고리(Gregory of Nyssa)는 이에 대해 "신랑은 신부를 떠난 지 오래 지나지 않아 곧 돌아오십니다. 신부의 거룩한 영혼이 사랑하는 이에게서 멀리 떨어져 서로 소원해지는 일이 일어나지 않도록 하시는 것이죠. 그녀의 목마른 영혼에 찾아 오셔서는 말씀으로 녹이십니다." 라고 설명했다.

어거스틴도 설명을 덧붙였다. "신부가 신랑을 애타게 찾는 데는 신부의 마음을 끄는 그만한 이유가 있기 때문입니다. 바로 의로운 자들에게서 눈을 떼지 않으시고, 그들의 기도에 항상 귀를 기울이시는 주님의 은혜이죠. 기도가 채 끝나기도 전에 신부에게 찾아오셔서 얼

굴을 비춰시고는, 하늘에서 내려오는 자비하심으로 채워주십니다. 신부의 영혼이 갈망할 때에는 도움의 손길을 내미시고, 지쳐 있을 때에는 새롭게 하는 은혜를 통해 치료해 주십니다. 영혼이 배고플 때에는 먹이시고, 메말라 있을 때에는 풍요롭게도 하시죠. 신부가 세상의 어려움을 잊고 신랑으로 인해 힘을 얻기를 바라시기 때문입니다. 이렇게 신랑은 신부가 다시금 생명력을 갖도록 도와주십니다."

시편 22편에서 우리는 이 문제에 대한 보다 깊은 이해를 발견할 수 있다. 이미 읽어서 알고 있듯이, 시편 22편은 시작부터 "내 하나님이여, 내 하나님이여, 어찌 나를 버리셨나이까"라는 탄식의 고백으로 시작한다.

'영적 침체'라는 용어가 이 구절에서 유래하고 있기 때문에, 시편의 이 부분을 좀 더 자세하게 공부하는 것은 우리가 다루고자 하는 주제를 심도 있게 이해하는 데 유익할 것이다. 하나님께서 버리셨다는 표현을 통해 영적 침체에 처해진 영혼의 상황과 처지를 알 수 있는데, (1)영혼이 내뱉는 탄식 섞인 기도를 하나님께서 듣지 않으신다는 것과 (2)고통 가운데 다급하게 부르짖는 영혼을 돕지 않으시기도 한다는 사실이다.

내 하나님이여 내 하나님이여 어찌 나를 버리셨나이까 어찌 나를 멀리 하여 돕지 아니 하시오며 내 신음 소리를 듣지 아

니하시나이까 내 하나님이여 내가 낮에도 부르짖고 밤에도
잠잠하지 아니하오나 응답하지 아니하시나이다 (시 22:1-2)

이것이 바로 시편 기자가 평안을 갖지 못하고 절규하는 이유이다. "나는 물같이 쏟아졌으며, 내 모든 뼈는 어그러졌으며, 내 마음은 밀랍 같아서 내 속에서 녹았으며, 내 힘이 말라 질그릇 조각 같고, 내 혀가 입천장에 붙었나이다. 주께서 또 나를 죽음의 진토 속에 두셨나이다"(14-15절). 그는 사람들로부터 비방과 모욕을 받는 지경에까지 이르게 된다. "나는 벌레요 사람이 아니라. 사람의 비방 거리요, 백성의 조롱거리니이다. 나를 보는 자는 다 나를 비웃으며 입술을 비쭉거리고 머리를 흔들며 말하되, 그가 여호와께 의탁하니 구원하실 걸, 그를 기뻐하시니 건지실 걸 하나이다"(6-8절).

이제 영적 침체를 경험하는 사람의 반응에 주목해보자. 그는 모든 어려운 상황 가운데서도 하나님을 기뻐하고(8절), "내 하나님이여, 내 하나님이여"라는 하나님을 향한 신뢰를 표현하며, 10절을 통해 "내가 날 때부터 주께 맡긴바 되었고, 모태에서 나올 때부터 주는 나의 하나님이 되셨나이다"라고 고백한다. 19절에서는 하나님을 "나의 힘"이라고 부를 뿐만 아니라, "그러나 주님은 거룩하신 분, 이스라엘의 찬양을 받으실 분이십니다"(3절, 새번역), "주님께서 하신 이

모든 일을, 회중이 다 모인 자리에서 찬양하겠습니다"(25절, 새번역)
라는 찬양을 하며, "온종일, 밤새도록"(2절) 기도를 드리기도 한다.
뒤이어 "그러나 나의 주님, 멀리하지 말아 주십시오," 영적 침체 가
운데 있는 저를 "어서 빨리 도와주십시오"(19절, 새번역) 라는 그의
가장 핵심적인 기도가 이어진다. 11절에는 시편 기자가 기도할 수밖
에 없는 이유들이 드러난다. 재난이 가까이 닥쳐왔으나, 도와줄 사람
이 아무도 없다는 것이다. 그리고 12절과 18절을 통해 기도를 하게
만드는 외부 요인을 몇 가지 더 언급한다.

이러한 구절들을 읽으며, 우리는 한 가지 깊은 통찰을 발견해야
만 한다. 여기서 언급되는 많은 어려움들은 다윗이 몸소 겪었던 것이
기도 하지만, 더 나아가 그리스도의 수난을 암시하기도 한다는 사실
이다. 또한 시편 기자는 하나님께서 자신의 기도를 들으셔야 하는 정
당성을 제시하기 위해 조상의 경우를 예로 든다. "우리 조상이 주님
을 믿었습니다. 그들은 믿었고, 주님께서는 그들을 구해주셨습니다.
주님께 부르짖었으므로, 그들은 구원을 받았습니다. 주님을 믿었으
므로, 그들은 수치를 당하지 않았습니다"(4-5절, 새번역). 조상들은
주님을 믿었고, 주님께 부르짖었으며, 그리하여 수치를 당하지 않았
다는 것이다. 이제 시편 기자는 하나님께서 줄곧 자신에게 보여주신
자비로운 모습을 언급하기 시작한다. 하나님께서는 언제나 그를 보

호하셨고, 하나님을 신뢰하도록 명령하셨음을 보여주고자 하는 것이다. "그러나 주님은 나를 모태에서 이끌어 내신 분, 어머니의 젖을 빨때부터 주님을 의지하게 하신 분이십니다"(9절, 새번역). "나는 태어날 때부터 주님께 맡긴 몸, 모태로부터 주님만이 나의 하나님이었습니다"(10절, 새번역). 이제 그는 하나님께 서약을 한다. "내가 서원한희생제물을 주님을 경외하는 사람들 앞에서 바치겠습니다"(25절, 새번역). 마지막으로 시편 기자는 이 모든 것들이 다른 이들을 구원하고, 감사하게 하고, 가르치는 통로가 되기를 바라며 마무리한다.

구원에 관해서는 24절에 기록되어 있다. "그는 고통 받는 사람의 아픔을 가볍게 여기지 않으신다. 그들을 외면하지도 않으신다. 부르짖는 사람에게 언제나 응답하여 주신다." 시편 기자가 바로 직전불평했던 문제들이 해결되었고 기도가 응답되었다. 그가 기다려왔던구원이 그에게 허락된 것이다. 감사에 관해서는 22절과 25절에 기록되어 있다. "주님의 이름을 나의 백성에게 전하고, 예배드리는 회중한가운데서, 주님을 찬양하렵니다." 가르치는 것과 훈계에 관해서는23절과 26절에 기록되어 있다. "주님을 경외하는 사람들아, 너희는그를 찬양하여라. 야곱 자손아, 그에게 영광을 돌려라. 이스라엘 자손아, 그를 경외하여라. 가난한 사람들도 축배를 들고, 배불리 먹을수 있을 것이다." 이제 우리는 시편에 기록된 구체적인 설명을 통해영적 침체 가운데 있는 사람의 처지를 자세히 알게 되었다. 그리고 영적 침체에 뒤따르는 부수적인 문제들과, 영적 침체를 통해 얻을 수 있는 지혜와 위로에 대해서도 알아보았다. 이 부분은 나중에 구체적인 사례를 통해 보다 깊게 다루기로 하겠고, 독자들은 시편 38편과 77편, 88편을 비교하여 읽어보길 바란다.

SPIRITUAL
Depression & Recovery

2장 영적 침체와 죄의 관계

영적 침체가 그것을 경험하는 사람의 죄를 암시하는지에 관한 문제를 다루고자 한다.

chapter 2

영적 침체의 본질에 관해서는 앞에서 언급하였다. 따라서 여기에서는 영적 침체가 그것을 경험하는 사람의 죄를 암시하는지에 관한 문제를 다루고자 한다. 우리는 항상 하나님 안에서 기뻐하고 즐거워해야 하며, 하나님을 향한 믿음을 통해 그 분의 선하심을 경험해야 한다고 교육받는다. 그러므로 우리가 영적 침체로 인해 이러한 것을 경험하지 못한다면, 우리의 죄로 인한 것이 아닐까?

만일 영적 침체가 하나님으로부터 우리 영혼에 찾아오는 것이고, 하나님께서 이 가운데 은혜를 허락하지 않으시는 것이라면, 영적 침체는 그저 우리를 향한 훈계에 불과하다. 이런 경우, 영적 침체 가운데 고통을 겪어야만 하는 이유가 반드시 죄가 되지는 않는다. 물론, 죄가 영적 침체를 가져오는 부수적인 요인일 수는 있다.

(1) 죄가 영적 침체의 원인이 되는 경우를 종종 볼 수 있다. "임금님과 백성이 주님을 떠나지 않는 한, 주님께서도 임금님과 백성을 떠나지 않으실 것입니다. 임금님과 백성이 그를 찾으면, 그가 만나

주실 것입니다. 그러나 임금님과 백성이 그를 버리면, 주님께서도 임금님과 백성을 버리실 것입니다"(대하 15:2, 새번역). 이사야에도 기록되어 있다. "주님, 주님께서는 주님의 백성 야곱 족속을 버리셨습니다. 그들에게는 동방의 미신이 가득합니다"(2:6, 새번역). 이에 대해 주님께서 말씀하신다.

> 내가 너희 어머니를 쫓아내기라도 하였느냐? 내가 너희 어머니에게 써 준 이혼증서가 어디에 있느냐?... 내가 왔을 때에 왜 아무도 없었으며, 내가 불렀을 때에 왜 아무도 대답하지 않았느냐? (사 50:1-2, 새번역)

에스라도 왕에게 대답하며 같은 원리를 적용한다. "하나님을 찾는 사람은 하나님이 잘 되도록 보살펴 주시지만, 하나님을 저버리는 자는 하나님의 큰 노여움을 피하지 못한다고 말한 바가 있어서"(8:22, 새번역). 욥의 간증은 영적 침체와 죄의 관계를 다루려는 우리의 목적을 잘 설명해준다. "주님께서는 지금, 내가 어릴 때에 한 일까지도 다 들추어내시면서, 나를 고발하십니다"(13:26, 새번역). "주님께서는 내 허물을 자루에 넣어 봉하시고, 내 잘못을 덮어 주실 것입니다"(14:17, 새번역). 그레고리 대제(Gregory the Great)는 이렇게 설명한다. "별 일 아니라고 생각했던 과거의 일들이, 때때로 우리에게 아주 큰 부담을 주기도 합니다."

(2) 위로를 얻고 구원을 완성하기 위한 우리의 의무와 훈련을 제대로 하지 않는 것도 원인이 될 수 있다. 하나님께서 주신 믿음과 은혜의 분량대로 적용하고 실천하지 않는 것을 말한다.

(3) 또한 불신앙과 불순종으로 인해 생기는 수많은 죄들도 원인이 된다. 우리의 영혼은 위로를 거부하고, 다윗의 고백처럼 성급한 결론을 내린다.

"내가 이제 주님의 눈 밖에 났구나"(시 31:22, 새번역)

SPIRITUAL
Depression & Recovery

3장 영혼의 근심과 갈등

영적 침체 가운데 우리의 영혼이 겪게 되는 고통과 막중한 근심은
이루 말할 수 없이 가혹하다. 그래서 우리의 영혼은 욥처럼 고백하게 된다.

chapter 3

　　다음으로 다룰 문제는 영적 침체로 인해 갖게 되는 무거운 근심이다. 영적 침체 가운데 우리의 영혼이 겪게 되는 고통과 막중한 근심은 이루 말할 수 없이 가혹하다. 그래서 우리의 영혼은 욥처럼 고백하게 된다. "아, 내가 겪은 고난을 모두 저울에 달아 볼 수 있고, 내가 당하는 고통을 모두 저울에 올릴 수 있다면, 틀림없이, 바다의 모래보다 더 무거울 것이니, 내 말이 거칠었던 것은 이 때문이다. 전능하신 분께서 나를 과녁으로 삼고 화살을 쏘시니, 내 영혼이 그 독을 빤다. 하나님이 나를 몰아치셔서 나를 두렵게 하신다"(6:2-4, 새번역). "내 곤경을 좀 보아라. 놀라지 않을 수 없을 것이다. 기가 막혀 손으로 입을 막고 말 것이다. 내게 일어난 일은 기억에 떠올리기만 해도 떨리고, 몸에 소름이 끼친다"(21:5-6; 참조. 시편 38, 77, 88편).

　　왜 이 무거운 근심은 우리의 영혼이 뒤틀리고 구부러지고 신음하게 할 정도로 강력하고 참기 어려운 것일까?

(1) 그 첫 번째 이유는 우리의 가장 민감하고 생명과도 같은 부분이 공격당하기 때문이다. 신체가 먼저 공격을 당해서 그 결과로 영혼이 근심을 느끼게 되는 정도의 문제가 아니다. 우리의 영혼과 정신이 직접 공격을 당하는 것이다. 영적 침체로 인한 고통이 극심한 이유가 바로 여기에 있다. 영혼 안에 있는 선(the good)이 육체에서 발견되는 선보다 더 아름다운 것처럼, 악(the bad)도 정신적이냐 육체적이냐에 따라 그 심각함이 달라지는 것이다. 신체의 감각을 인식하는 것이 영혼이기 때문에, 영혼이 없다면 고통이나 감정을 알 수도 없다. 따라서 영혼이 직접 공격을 당하게 될 때에, 그 고통이 얼마나 극심할지 충분히 상상할 수 있을 것이다. 신체 여러 부위는 시신경이 얼마나 많이 분포되어 있느냐와 영혼이 신체 감각을 얼마만큼 인식하느냐에 따라 민감함의 차이를 나타낸다. 그러므로 영혼이 공격을 받아 괴로움을 겪고 그 무게에 압도당할 때, 그 고통의 느낌이 얼마나 강렬한지 모른다! 이런 증상은 우울증에 걸려 원인 모를 두려움과 상념에 사로잡힌 사람들에게서 발견된다. 그들은 자신들이 느끼는 근심 외에는 어떤 감정도 갖지 못한다. 솔로몬은 다음과 같은 고백을 했다. "즐거운 마음은 병을 낫게 하지만, 근심하는 마음은 뼈를 마르게 한다"(잠 17:22, 새번역) "사람이 정신으로 병을 이길 수 있다지만, 그 정신이 꺾인다면, 누가 그를 일으킬 수 있겠느냐?"(18:14, 새번역).

(2) 이 근심은 전적으로 하나님으로부터 오는 것이며, 이를 통해 우리의 영혼이 하나님과만 대면하도록 한다. 그러나 "하나님이 침묵하신다고 하여, 누가 감히 하나님을 비난할 수 있겠습니까? 하나님이 숨으신다고 하여, 누가 그 분을 비판할 수 있겠습니까?"라고 엘리후가 말했다(욥 34:29, 새번역). 욥은 "하나님이 내 용기를 꺾으셨기 때문이고, 전능하신 분께서 나를 떨게 하셨기 때문이지"(23:16, 새번역) 라고 고백하였고 나오미는 이웃들에게 다음과 같이 대답했다.

> 나를 나오미라고 부르지 마십시오. 전능하신 분께서 나를
> 몹시도 괴롭게 하셨으니, 이제는 나를 마라라고 부르십시오
> (룻 1:20, 새번역)

하나님이 어떤 분인지를 제대로 아는 사람은, 살아계신 하나님의 징벌하시는 손에 떨어지는 것(히 10:31)과 하나님이 허락하신 두려움과 고통이 얼마나 끔찍한 일인지 잘 이해하고 있다.

(3) 영혼이 무거운 근심으로 인해 고통을 겪게 되는 세 번째 이유는, 우리 영혼의 구원이라는 가장 중요한 사실이 뒤흔들리기 때문이다. 구원이 소멸된다는 것이 아니라, 우리가 더 이상 구원과 관련된 것들을 느끼지 못한다는 것을 의미한다. 우리 영혼 속에 어두움이 찾아와 마치 영원한 지옥에 떨어진 것 같이 느끼게 되는 것이다. 버

나드(Bernard, Bishop of Carlisle)는 말하기를, "우리의 영혼이 그 전에 맛보았던 달콤함을 잃어버린 대신 잠시 지옥과도 같은 고통을 겪는 것인지 사실 잘 모르겠습니다. 우리가 경험했던 영적 기쁨에 비하면 모든 종류의 고통은 무겁기만 할 뿐이다." 세네카Seneca the Elder도 이에 동의한다. "풍요로움을 누려본 이후에 부족한 환경에 처하게 되는 것은 우리에게 더 큰 비참함을 안겨줍니다." 다윗은 하나님의 은혜를 느끼는 것이야말로 영혼에 생명력을 불어넣는, 아니 생명보다도 더 소중한 것이라고 고백했다. 주님의 한결 같은 사랑이 생명보다 더 소중하고(시 63:3), 그의 은총은 영원하기 때문에(시 30:5), 하나님의 은총이 없는 삶은 죽음보다 못하다는 것이다. 그리스도께서 제자들에게 자신의 떠나가심에 대해 말씀하신 후, "도리어 내가 이 말을 하므로 너희 마음에 근심이 가득하였도다"(요 16:6) 고 하신 것도 이런 의미로 이해할 수 있다.

그렇다면 영혼을 짓누르는 것은 무엇일까? 바로 선한 것들을 잃어버렸다는 상실감과 우리와 마주하고 있는 어떤 강력한 힘을 느끼는 것이다. 우리가 지금 다루고 있는 주제인 하나님과 영적 침체와 관련해서 생각해 볼 때, 여기서 말하는 선한 것들은 하나님의 은혜와 구원을 우리가 실제로 느끼는 것을 의미한다. 우리와 마주하고 있는 힘이란, 영혼을 향한 하나님의 엄중한 진노의 손길과 정죄를 느끼는 것을 말한다. 그러나 앞에서 언급했듯이, 이것 때문에 영혼이 하나님의 은혜를 전부 잃는다거나 구원을 상실하는 것은 아니다. 누군가 말하기를, "하나님께서는 우리를 버리시기 위해 영적 침체에 빠뜨리시는 것이 아닙니다. 오히려 우리를 버리시지 않기 위해 우리가 영적 침체를 경험하게 하십니다. 하나님께서 우리를 버리시려고 하지 않 않으심에도 불구하고 우리는 잠시 버려진 것처럼 보이는 것입니다. 신실한 사람에게 가장 고통스럽고 무거운 짐은 바로 하나님의 은혜로부터 멀리 떨어져 있다는 사실입니다." 아삽은 시편에서 고백하기를, "하나님께서 은혜를 베푸시는 일을 잊으신 것일까? 그의 노여움이 그의 긍휼을 거두어들이신 것일까? 하였습니다." (시 77:9, 새번역).

아삽은 자신이 하나님의 진노 가운데 내팽개쳐져 있다고 말한다. 그리고는 "주님께서 나를 영원히 버리시는 것일까? 다시는 은혜를 베풀지 않으시는 것일까?"(7절, 새번역)라며 반문한다. 욥은 버림받은 것만 같은 자기 영혼을 하나님의 손이 짓누르고 있다는 생각에 신음한다. 뿐만 아니라, 여러 가지 육체적 고통과 질병으로 인해 큰 슬픔에 빠져있다. "주님께서 손수 나를 빚으시고 지으셨는데, 어찌하여 이제 와서, 나에게 등을 돌리시고, 나를 멸망시키려고 하십니까?" (10:8, 새번역). "나를 치시는 그 손을 거두어 주시고, 제발 내가 이렇게 두려워 떨지 않게 해주십시오"(13:21, 새번역). "너희는 내 친구들이니, 나를 너무 구박하지 말고 불쌍히 여겨다오. 하나님이 나를 손으로 치셨는데"(19:21, 새번역). 다윗도 이런 이유로 인해 울며 기도했다. "주님, 주님의 분노로 나를 책망하지 마시고, 주님의 진노로 나를 벌하지 말아 주십시오. 아, 주님의 화살이 나를 꿰뚫으며, 주님의 손이 나를 짓누릅니다" (시 38:1-2, 새번역).

하나님의 손과 하나님의 진노. 이것이 바로 하나님께서 우리를 외면하시고 버리실 때 보게 되는 것이다. 우리의 영혼은 다윗처럼 기도하게 된다. "주님의 얼굴을 내게 숨기지 말아 주십시오. 주님의 종에게 노하지 마십시오"(27:9, 새번역). 때로는 욥처럼 탄식한다. "하나님이 내게 불같이 노하셔서, 나를 적으로 여기시고"(욥 19:11, 새번역). 헤만은 시편 88편에서 고백했다. "주님은 주님의 진노로 나를 짓눌렀으며, 주님의 파도로 나를 압도하셨습니다"(7절, 새번역). "주님의 진노가 나를 삼켰으며, 주님의 무서운 공격이 나를 파멸시켰습니다"(16절, 새번역). 이사야는 하나님께서 숨으실 때 그 분의 진노가 드러나기도 한다고 기록했다. "내가 노하여 나의 얼굴을 가렸다" (57:17, 새번역). 이러한 모습은 하나님께서 모세에게 하신 말씀에도 잘 나타난다.

그 날에 내가 그들에게 격렬하게 진노하여, 그들을 버리고

내 얼굴을 그들에게서 숨길 것이다 (신 31:17, 새번역)

영적 침체 가운데 우리는 영혼의 갈등도 끊임없이 경험하게 되는데, 때로는 피를 흘리듯 고통스럽게 찾아온다.

(1) 그 첫 번째 이유는, 이러한 영혼의 갈등이 하나님으로부터 오기 때문이다. 욥은 이에 대해 불평한다. "내가 바다 괴물이라도 됩니까? 내가 깊은 곳에 사는 괴물이라도 됩니까? 어찌하여 주님께서는 나를 감시하십니까? 잠자리에라도 들면 편해지겠지, 깊이 잠이라도 들면 고통이 덜하겠지 하고 생각합니다만, 주님께서는 악몽으로 나를 놀라게 하시고, 무서운 환상으로 저를 떨게 하십니다... 사람을 살피시는 주님, 내가 죄를 지었다고 하여 주님께서 무슨 해라도 입으십니까? 어찌하여 나를 주님의 과녁으로 삼으십니까? 어찌하여 나를 주님의 짐으로 생각하십니까?... 주님께서는 사나운 사자처럼 나를 덮치시고, 기적을 일으키면서까지 내게 상처를 주려고 하셨습니다" (욥 7:12-14, 20; 10:16, 새번역).

다윗도 애통해하며 기도했다.

주님께서 일으키시는 저 큰 폭포 소리를 따라 깊음은 깊음을 부르며, 주님께서 일으키시는 저 파도의 물결은 모두가

한 덩이 되어 이 몸을 휩쓸고 지나갑니다 (시 42:7, 새번역)

주님의 채찍을 나에게서 거두어 주십시오. 주님의 손으로
나를 치시면, 내 목숨은 끊어지고 맙니다 (시 39:10, 새번역)

아삽은 시편 77편에서 한숨을 내쉬며 토로했다. "내가 하나님을 생각하면서 한숨을 짓습니다. 주님 생각에 골몰하면서, 내 마음이 약해집니다"(3절, 새번역). 헤만은 시편 88편에서 이르기를, "주님의 진노가 나를 삼켰으며, 주님의 무서운 공격이 나를 파멸시켰습니다"(16절, 새번역).

(2) 영적 침체를 경험하는 이들은 때로 마귀와도 대적해야 한다. 이 마귀는 그리스도와 다윗까지도 시험코자 했었다. "하나님도 그를 버렸다. 그를 건져줄 사람이 없으니, 쫓아가서 사로잡자"(시 71:11, 새번역). 그러나 하나님께서는 자신의 선하고 지혜로운 방법을 사용하시어, 우리의 영혼을 시험하려는 마귀까지도 적절히 통제하신다. 비록 우리가 눈으로 확인할 수는 없지만, 예레미야서에 분명히 기록되어 있다. "나는 내 집을 버렸다. 내 소유로 택한 내 백성을 포기하였다. 내가 진정으로 사랑한 백성을 바로 그들의 원수에게 넘겨주었다"(12:7, 새번역). 물론 이로 인해 우리의 영혼 날마다 공격당하고 흔들리고 긴장하게 된다. 베드로가 이런 경험을 할 때 예수님께서 말씀하

셨다.

> 시몬아, 시몬아, 보아라. 사탄이 밀처럼 너를 체질하려고 너
> 희를 손아귀에 넣기를 요구하였다 (눅 22:31, 새번역)

하나님께서도 우리의 영혼을 염두에 두시고는 "사탄에게 그가
가진 모든 것을 다 네게 맡겨 보겠다" 하셨다(욥 1:12, 새번역참조).

(3) 영적 침체 속에서 사람들과 맞서 싸우기도 한다. 그들의 오
해와 판단, 험담, 조롱, 원한, 적대감, 멸시, 비방, 핍박 등에 맞서야
만 하는 경우가 생긴다. 이런 경험을 한 욥은 "그가 내 가족을 내게서
멀리 떠나가게 하시니, 나를 아는 이들마다, 낯선 사람이 되어 버렸
다. 친척들도 나를 버렸으며, 가까운 친구들도 나를 잊었다. 내 집에
머무르는 나그네와 내 여종들까지도 나를 낯선 사람으로 대하니, 그
들의 눈에, 나는 완전히 낯선 사람이 되고 말았다. 종을 불러도 대답
조차 안 하니, 내가 그에게 애걸하는 신세가 되었고, 아내조차 내가
살아 숨 쉬는 것을 싫어하고, 친형제들도 나를 역겨워한다. 어린 것
들까지도 나를 무시하며, 내가 일어나기만 하면 나를 구박한다. 친한
친구도 모두 나를 꺼리며, 내가 사랑하던 이들도 내게서 등을 돌린
다"(19:13-19, 새번역). "그런데 그런 자들이 이제는 돌아와서 나를
비웃는다. 내가 그들의 말거리가 되어 버렸다"(30:9, 새번역)고 고백

한다. 다윗도 시편 42편을 통해 말했다. "원수들이 날마다 나를 보고 네 하나님이 어디에 있느냐? 하고 빈정대니, 그 조롱 소리가 나의 뼈를 부수는구나"(10절, 새번역). 헤만도 "주님께서는 나의 가까운 친구들마저 내게서 멀리 떠나가게 하시고, 나를 그들 보기에 역겨운 것이 되게 하시니, 나는 갇혀서, 빠져 나갈 수 없는 몸이 되었습니다"(시편 88:8, 새번역)라고 증거하고 있으며, 이사야도 "그러나 우리는, 그가 징벌을 받아서 하나님에게 맞으며, 고난을 받는다고 생각하였다"(53:4, 새번역)고 기록하고 있다.

(4) 영적 침체에 빠져 있는 사람은 자신과의 싸움도 피할 수 없다. 하루 종일 그의 양심이 그를 고소하고 비난하고 정죄하며, 그가 가지고 있는 믿음과 은혜를 억누르려 하기 때문이다.

> 악한 일을 저지르는 무리가 나를 에워싸고 내 손과 발을 묶었습니다 (시 22:16, 새번역)
>
> 이루 다 헤아릴 수도 없이 많은 재앙이 나를 에워쌌고, 나의 죄가 나의 덜미를 잡았습니다. 눈 앞이 캄캄합니다. 나의 죄가 내 머리털보다도 더 많기에, 나는 희망을 잃었습니다 (시 40:12, 새번역)
>
> 내 죄의 벌이 나를 짓누르니, 이 무거운 짐을 내가 더는 견

딜 수 없습니다 (시 38:4, 새번역)

영적 침체가 일반적으로 질병 등의 신체적 고통과 함께 찾아온다는 사실은 부정할 수 없다. 욥은 발바닥부터 머리끝까지 악성 종기로 뒤덮이는 신체적 고통을 경험했다. "주님께서 나를 체포하시고, 주님께서 내 적이 되셨습니다. 내게 있는 것이라고는, 피골이 상접한 앙상한 모습뿐입니다. 이것이 바로 주님께서 나를 치신 증거입니다. 사람들은 피골이 상접한 내 모습을 보고, 내가 지은 죄로 내가 벌을 받았다고 합니다"(욥16:8, 새번역). "살갗은 검게 타서 벗겨지고, 뼈는 열을 받아서 타 버렸다(30:30, 새번역)." 다윗도 "주님께서 밤낮 손으로 나를 짓누르셨기에, 나의 혀가 여름 가뭄에 풀 마르듯 말라 버렸습니다"(시 32:4, 새번역). "주님께서 노하시므로, 나의 살에는 성한 곳이 없습니다. 내가 지은 죄 때문에, 나의 뼈에도 성한 데가 없습니다"(38:3, 새번역). "주님께서 인간의 잘못을 벌하시고, 그 아름다움을 좀이 먹은 옷같이 삭게 하시니, 인생이란 참으로 허무할 뿐입니다"(39:11, 새번역) 하는 고통을 겪었다. 헤만도 "아, 나는 고난에 휩싸이고, 내 목숨은 스올의 문턱에 다다랐습니다, 고통으로 나는 눈마저 흐려졌습니다"(88:3, 9, 새번역) 라고 고백했다.

SPIRITUAL
Depression & Recovery

4장 영적 침체의 결과

영적 침체는 우리 안에 어떠한 결과를 낳을까? 괴로움과 낙담, 두려움, 근심 가운데
우리의 영혼은 하나님과 단절된 사실에 신음하게 된다.

chapter 4

그렇다면 영적 침체는 우리 안에 어떠한 결과를 낳을까?

(1) 괴로움과 낙담, 두려움, 근심 가운데 우리의 영혼은 하나님과 단절된 사실에 신음하게 된다.

> 그리하여 학처럼 애타게 소리 지르고, 비둘기처럼 구슬피 우는 지경에 이른다 (사 38:14, 새번역)

욥은 "밥을 앞에 놓고서도, 나오느니 탄식이요, 신음 소리 그칠 날이 없다"(3:24, 새번역). "풀이 있는데 나귀가 울겠느냐? 꼴이 있는데 소가 울겠느냐?"(6:5, 새번역) 하는 경험을 했다. 영혼이 아무런 이유 없이 신음하게 되지는 않음을 가리킨다. 욥은 계속해서 "그러나 나는 입을 다물고 있을 수 없습니다. 분하고 괴로워서, 말을 하지 않고서는 견딜 수 없습니다"(7:11, 새번역). "하도 울어서, 얼굴마저 핏빛이 되었고, 눈꺼풀에는 죽음의 그림자가 덮여 있다"(16:16, 새번역). "내가 받는 이 고통에는 아랑곳없이, 그 분이 무거운 손으로 여전히 나를 억누르시는구나!"(23:2, 새번역). "사람들이 모여 있는 곳에 이르면 도와달라고 애걸이나 하는 신세가 되고 말았다"(30:28, 새번역) 하는 고백을 한다.

다윗도 "내 억울함을 주님께 호소하고, 내 고통을 주님께 아뢴다" (시 142:2, 새번역) 라고 증언한다.

다른 이들이 웃고 있을 때, 우리의 영혼은 울기도 하고, 다른 이들이 즐거워할 때, 우리의 영혼은 슬픔에 빠지기도 한다. 테오도시우스(Theodosius)는 신하 루피누스(Rufinus)에게 자신의 이런 심정을 말한 적이 있다. "루피누스 자네는 하루하루가 즐거울 걸세. 나와 같은 번민을 느끼지 않으니 말이야. 교회가 이제 종과 부랑자들까지도 받아들이고 있는데, 나에게 하늘나라는 여전히 굳게 닫혀져 있다는 생각에 한숨과 고민이 끊이질 않는다네." 이런 걱정에 사로잡힌 사람들은 다윗과 같은 괴로움을 느낀다.

> 밤낮으로 흘리는 눈물이 나의 음식이 되었구나
> (시 42:3, 새번역)

어쩌면 "주님께서 그들에게 눈물의 빵을 먹이시고, 눈물을 물리도록 마시게 하셨습니다"(80:5, 새번역) 하는 아삽의 심정과도 같을 것이다.

(2) 영적 침체를 경험하면서 우리의 영혼은 변함없는 소망을 품

고, 간절한 기대를 갖는 법을 배우게 된다. 목을 쭉 뺀 채 마치 만물을 회복하실 때(행 3:19 참조)를 기다리게 되고, 기쁨으로 구원의 우물에서 물을 길을(사 12:3, 새번역) 그 날을 희망하게 되는 것이다. 시편 42편에는 이런 상황이 잘 묘사되어 있다. "하나님, 사슴이 시냇물 바닥에서 물을 찾아 헐떡이듯이, 내 영혼이 주님을 찾아 헐떡입니다. 내 영혼이 하나님, 곧 살아계신 하나님을 갈망하니, 내가 언제 하나님께로 나아가 그 얼굴을 뵈올 수 있을까?"(1-2절, 새번역). 어거스틴도 "그것이 바로 제가 만나고자 목말라했던 것입니다. 제 여정 가운데 줄곧 갈망해왔죠. 조금씩 성장하면서도 그 갈망은 사라지지 않았습니다. 제가 온전케 되는 날, 그 목마름이 채워질 것입니다. 허나, 언제쯤 온전함을 이루게 될까요?"라고 고백하였고 시편 기자도 이런 갈망을 표현하고 있다. "주님은 우리의 구원자이시요, 우리의 방패이시니, 우리가 주님을 기다립니다"(33:20, 새번역). "하나님, 주님은 나의 하나님입니다. 내가 주님을 애타게 찾습니다. 물기 없는 땅, 메마르고 황폐한 땅에서 내 영혼이 주님을 찾아 목이 마르고, 이 몸도 주님을 애타게 그리워합니다"(63:1, 새번역). 이제 우리의 영혼은 예레미야가 묘사하듯이 놀라움에 입을 벌리고 누워 기다릴 뿐이다.

> 들나귀도 언덕 위에 서서 여우처럼 헐떡이고, 뜯어먹을 풀
> 이 없어서 그 눈이 흐려진다 (14:6, 새번역)

(3) 우리의 영혼은 하나님의 은혜를 갈망하며 기다리기도 하지만, 때로는 찾아 헤매기도 한다. 잃어버린 그 분을 다시 찾기 위해 부지런히 모든 방법을 강구하는 것이다. 아삽은 이를 "내가 고난당할 때에, 나는 주님을 찾았습니다. 밤새도록 두 손 치켜들고 기도를 올리면서"(시 77:2, 새번역) 라고 잘 표현하였는데, 우리 영혼이 찾고자 하는 것은 다름 아닌 바로 하나님이다. 오직 그 분의 은혜만을 바랄 뿐이다. 마치 신부가 사랑하는 나의 임(아 3:2)을 찾는 것과 같다. 신부는 사랑하는 신랑을 만나기 전까지는 그 어떤 소유도 그녀에게 만족을 주지 않는다. 아삽은 이런 신부의 마음을 잘 표현했다.

> 내가 주님과 함께 하니, 하늘로 가더라도, 내게 주님 밖에는 누가 더 있겠습니까? 땅에서라도, 내가 무엇을 더 바라겠습니까? (시 73:25, 새번역)

이사야 선지자도 "주님께서 하늘을 가르고 내려오시면" 이라고 고백했다. 욥도 고통 가운데 "내가 겨우 썩어질 육신을 두고 논쟁이나 하겠느냐?" 했다. 이 모든 고백에는 하나님을 향한 갈망이 묻어난다. 오직 하나님의 은혜만 바라며 하나님께서 계시지 않는 곳이라면 비록 그곳이 천국일지라도 만족을 얻지 못한다는 것이다. 어거스틴은 "천국에서 제 목마름이 어느 정도는 해소되겠지요. 이것도 놀랍고 감사할만한 일입니다. 하지만 목마르다는 것, 그것은 오직 천국을 만

드신 그 분만을 향한 것입니다." 라고 말했고 다윗도 "주의 인자하심
이 생명보다 나으므로...." (시 63:3) 라고 고백을 하였다.

　　우리의 영혼은 하나님의 식탁에서 떨어지는 작은 빵 부스러기
로도 큰 기쁨을 맛볼 수 있다. 하나님의 은혜가 아주 작은 비 한 방울
만큼 주어지고, 하나님의 사랑을 아주 조금만 느끼게 되더라도, 우리
의 영혼은 기뻐 뛰게 된다. 영국의 순교자 존 브래드퍼드(John
Bradford)는 대법관 앞에서 이렇게 항변했다. "나는 온 맘을 다해 하
나님의 자비만을 기다립니다. 진실로 하나님의 자비가 제 생명보다
낫기 때문입니다. 하나님의 진노와 냉대 속에서 생명을 이어가느니
차라리 죽음을 택하겠습니다. 하나님의 은혜와 자비만 함께하신다
면, 기꺼이 죽음을 맞이하겠습니다." 프란스 베를루트(Frans Verlut)
라는 순교자도 1562년 이런 고백을 했다. "그리스도의 은혜는 너무
도 강력하여, 우리 영혼에 한 방울만이라도 떨어지게 되면 엄청난 기
쁨을 맛볼 수 있습니다. 생명으로 가득한 물이기에, 한 모금만 마셔
도 다시는 목마르지 않게 됩니다."

　　그러나 영적 침체 가운데 있는 사람들은 정반대의 경험을 하게
된다. 욥이 바로 그런 사람이었다.

내가 복을 바랐더니 화가 왔고 광명을 기다렸더니 흑암이
왔구나, 내가 두려워하는 그것이 내게 임하고, 내가 무서워
하는 그것이 내 몸에 미쳤구나 (욥 30:26, 3:25)

다윗은 "내가 형통할 때에 말하기를, 영원히 흔들리지 아니하리
라 하였도다. 여호와여, 주의 은혜로 나를 산 같이 굳게 세우셨더니,
주의 얼굴을 가리시매, 내가 근심하였나이다"(시 30:6-7) 라고 증거
하였다.

아삽도 하나님의 은혜와 임재를 느끼지 못하게 되자, "이는 나
의 잘못이라"(시 77:10)고 탄식했다. 그리고 헤만은 "어릴 때부터 고
난을 당하기 시작하여, 죽음의 문턱까지 이르렀다"고 기록하고 있다
(시 88:15).

이 세상에는 영혼에게 안식을 줄 수 있는 것이 아무것도 없다.
이 세상을 다 준다 해도 진정한 안식은 찾을 수 없다. 1557년, 어느
순교자는 가톨릭의 부활을 꿈꾸며 영국 왕위에 오른 찰스 2세로부터
고위 참사회원직을 제안 받지만, 이를 거절한다. "폐하께서도 이미
알고 계시듯이, 양심이 유린되어 혼란에 빠진 사람은 세상의 즐거움
으로는 아무런 안식을 얻을 수 없습니다." 벨기에 신앙고백서의 초안

을 작성한 귀도 드 브레(Guido de Bres)도 자신의 인생을 마감하는 순간에, "평온한 양심으로 인해 큰 위안을 얻는구나!' 라고 고백했다. 마음의 평화가 얼마나 중요한지, 마찬가지로 영혼의 불안한 상태가 얼마나 짐스러운 것인지 잘 나타낸 고백이다. 토마스 아 켐피스는, "하나님께서 함께하심을 확신할 때, 세속적인 위로를 던져버리는 것은 그리 어렵지 않습니다. 그러나 우리가 하나님과 세상의 위로, 그 어느 것도 볼 수 없는 가운데 선한 양심을 유지한다면 훨씬 더 위대한 일들이 일어날 것입니다"라 했으며 어거스틴도 다음과 같이 설명했다. "온갖 종류의 괴로움 중에서, 양심의 고발로 인해 자신의 죄가 자꾸 떠오르는 것이 가장 고통스럽습니다."

SPIRITUAL
Depression & Recovery

5장 하나님께서 영적 침체를 주시는 이유

하나님께서 무슨 목적으로 자녀들을 찾아오시는지 알아보아야 한다.

chapter 5

이제 우리는 마지막으로, 하나님께서 무슨 목적으로 자녀들을 찾아오시는지 알아보아야 한다. 대체 무슨 유익이 있기에, 하나님께서는 직접 선택하신 자녀들에게 영적 침체를 가져다주시는 것일까? 물론 하나님께서 왜 우리를 그렇게 다루시는지 모든 이유를 알 수는 없다. 따라서 여기에서는 우리가 분명하게 가늠할 수 있는 몇 가지 중요한 사안만 다루고자 한다.

첫 번째, 영적 침체는 우리가 마음속에 품고 있는 진리를 시험하여 보다 분명히 하려는 목적이 있다. 우리에게 하나님만을 바라보며 설 수 있는 진실하고 견고한 믿음이 있는지, 하나님께서 그 얼굴을 돌리시고 우리를 버리신 것처럼 보일 때도 우리가 하나님으로부터 떠나지 않을 수 있는지 시험하려는 것이다.

우리는 다윗처럼 "나의 영혼이 주를 가까이 따르니"(시 68:3)라고 고백할 수 있어야 한다.

성도들의 인내와 믿음이 여기 있느니라 (계 13:10)

야곱과 엠마오로 향하던 제자들이 보여준 끈질긴 태도는 이러한 원리를 아주 명쾌하게 보여준다. 야곱은 날이 새도록 천사를 가지 못하게 하였고, 엠마오로 향하던 제자들은 예수를 강권하여 함께 거하고 싶어했다. 역대하 32:31에는 "하나님께서 히스기야 왕을 떠나시고 그의 심중에 있는 것을 다 알고자 하사 시험하셨더라"고 기록되어 있다. 모세는 신명기 8:2을 통해 하나님께서 이스라엘 백성을 왜 40년간이나 광야에서 이리저리 끌고 다니셨는지 이유를 설명한다. "이는 너를 낮추시며 너를 시험하사 네 마음이 어떠한지 그 명령을 지키는지 지키지 않는지 알려 하심이라." 계속해서 신명기 13:3은 "이는 너희의 하나님 여호와께서 너희가 마음을 다하고 뜻을 다하여 너희의 하나님 여호와를 사랑하는 여부를 알려 하사 너희를 시험하심이니라."고 했다. 이사야가 말했듯이, "하나님께서는 우리의 영혼을 고난의 풀무 불"(48:10)속에서 연단하시고 시험하시는 것이다. 하나님께서 찾아오신다는 것과 우리를 시험하신다는 두 용어는 빈번하게 함께 사용된다. "어찌하여 아침마다 그를 찾아오셔서 순간순간 그를 시험하십니까?"(욥 7:18, 새번역).

주께서 내 마음을 시험하시고 밤에 내게 오시어서 나를 감찰하셨으나 흠을 찾지 못하셨사오니 (시 17:3)

그러므로 우리는 다윗이나 이사야처럼 신실하고 견고한 믿음을 고백할 수 있는 수준으로 올라서야 한다.

> 여호와여 나를 살피시고 시험하사 내 뜻과 내 양심을 단련
> 하소서(시 26:2)

> 이제 야곱의 집에 대하여 얼굴을 가리시는 여호와를 나는
> 기다리며 그를 바라보리라 (사 8:17)

그러나 여로보암 왕의 사자가 말한 것은 다른 내용이었다.

> 이 재앙이 여호와께로부터 나왔으니 어찌 더 여호와를 기
> 다리리요 (왕하 6:33)

다음으로, 영적 침체는 우리가 죄를 보다 더 혐오하고 싫어하고
미워하여, 결국 그 죄를 억누르는 데까지 이르게 하기 위해 찾아온
다. 우리는 이로 인해 그 동안 누려오던 안락함과 기쁨을 잃고 죄 죽
이기라는 쓰라린 경험을 시작하게 된다. 이때 우리의 영혼은 욥과 같
이 고백하는 지경에 이르기도 한다.

> 사람을 감찰하시는 이여, 내가 범죄하였던들 주께 무슨 해
> 가 되오리이까 (욥 7:20)

우리의 영혼은 끊임없이 죄를 혐오하기에, 우리가 범하는 수많

은 죄악들을 하나님 앞으로 가져간다. 그럴 때마다 하나님께서 그 죄악들을 살펴보시고는, 우리로부터 얼굴을 돌리신다. 우리의 잘못된 행동이 하나님께서 성전을 떠나신 이유였던 것이다.

> 주께서 우리에게 얼굴을 숨기시며, 우리의 죄악으로 말미암아 우리가 소멸되게 하셨음이니이다 (사 64:7)

예레미야도 같은 맥락에서 접근한다.

> 그런즉 네 하나님 여호와를 버림과 네 속에 나를 경외함이 없는 것이 악이요 고통인 줄 알라 (렘 2:19)

세 번째로, 자아로 가득한 우리의 영혼을 지극히 겸손하게 하기 위해 영적 침체가 허락된다. 영적 침체를 경험하기 이전에는 우리가 쥐고 있던 자아에 거부감을 느낀다거나, 그것이 얼마나 무가치한지 깨닫지 못하기 때문이다. 우리가 겸손함을 배우게 되면, 우리 안에 하나님의 자녀가 될 만한 가치가 전혀 없을뿐더러 돈을 주고 부리는 일꾼만도 못함을 깨닫게 된다. 감히 하나님과 한 식탁에 앉을 수 없어 그 밑에 엎드린 개와 같은 자이며, 하나님의 신발 끈을 풀기에도 모자란 존재임을 절실히 깨닫게 되는 것이다. 모든 것이 잘 풀려서 만족을 느낄 때에는 우리의 영혼이 얼마나 우쭐거리는지 모른다.

그런데 여수룬이 기름지매 발로 찼도다. 네가 살찌고 비대
하고 윤택하매 자기를 지으신 하나님을 버리고, 자기를 구
원하신 반석을 업신여겼도다 (신 32:15)

어거스틴은 이렇게 설명한다. "신랑 되신 그리스도께서는 여러
분을 위로하기 위해 찾아오십니다. 그러나 위로가 차고 넘쳐 행여나
여러분이 자만하게 될까 여러분을 잠시 떠나기도 하십니다. 그리스
도께서 언제나 여러분과 함께 계시면, 그 분의 동행과 찾아오심을 은
혜로 여기지 않고, 으레 있을법한 일로 여기기 쉽기 때문입니다." 우
리에게 허락하신 은혜를 잠시 거두시는 이유는, 이미 우리가 자만하
기 때문이라기보다는 앞으로 우리가 자만하지 않게 하시려는 이유에
서이다. 고린도후서 12:7에 기록된 사도 바울의 경험이 좋은 본보기
가 된다.

네 번째로, 우리는 영적 침체를 통해 모든 면에서 그 아들의 형
상을 본받고, 영원 전부터 우리에게 예정된 믿음의 수준으로 성장하
게 된다(롬 8:29; 빌 3:10). 하나님의 사랑 받는 그리스도께서도 여러
고통을 당하셨는데, 이는 우리가 겪는 것과는 차원이 다른 훨씬 더
심한 고초였다. 우리의 죄로 인해 그 분께서 고초를 겪으셨고, 바로
그 분의 이러한 찔림과 상함이 우리를 구원하신 것이다. 누가는 그리

스도께서 공회에서 더 큰 두려움을 느끼셨다고 기록한다. 비록 이 때는 아직 사람들로부터 신체적 고난을 당하지 않으시지만, 그리스도의 내면적 고뇌는 이 순간부터 돌아가시는 순간까지 이어진다. 성부 하나님이나 제자들로부터 그 어떤 위로나 도움을 받지 못하셨고, 어디 몸과 마음 둘 곳을 전혀 찾지 못하셨다. 저주로 가득 찬 쓴 잔을 비우셔야만 했고, 우리의 모든 죄악으로 인한 징벌을 감당하셔야만 했다.

> 이르시되 아버지여 만일 아버지의 뜻이거든 이 잔을 내게서 옮기시옵소서 그러나 내 원대로 마시옵고 아버지의 원대로 되기를 원하나이다 하시니 (눅 22:42)

히브리서 기자도 말하였다.

> 그는 육체에 계실 때에 자기를 죽음에서 능히 구원하실 이에게 심한 통곡과 눈물로 간구와 소원을 올렸고 그의 경건하심으로 말미암아 들으심을 얻었느니라 (히 5:7)

그리스도께서는 십자가 고통을 당하시기 이전에도 괴로움 가운데 기도하셨다.

> 지금 내 마음이 괴로우니 무슨 말을 하리요 아버지여 나를 구원하여 이 때를 면하게 하여 주옵소서 그러나 내가 이를

위하여 이 때에 왔나이다 (요 12:27)

그리고 십자가 위에서는 이렇게 부르짖으셨다.

나의 하나님 나의 하나님 어찌하여 나를 버리셨나이까
(마 27:46)

십자가에 달리신 바로 그 때에, 십자가라는 끔찍한 방법을 사용하시어, 하나님께서는 그리스도를 버리신 것이다. 그럼에도 그리스도께서는 여전히 하나님을 나의 하나님이라고 고백하신다. 우리도 그리스도의 형상을 본받아 이러한 고백을 할 수 있어야만 한다. 그리스도께서 아무런 죄가 없으셨음에도 우리와 같이 시험을 당하신 것처럼, 우리도 그리스도를 따라 기꺼이 시험을 당하겠다는 믿음의 고백을 해야 하는 것이다.

그 동안 수많은 순교자들이 기꺼이 고통을 감수했던 이유는 바로 이러한 그리스도의 본을 따르기 위해서였다. 우리도 의당 그렇게 해야 한다. 요한 후스(John Hus)도 그리스도를 본받고자 했던 사람 중의 하나이다. 사형 집행관이 그에게 흰 외투를 입히자 그는 "나의 주님, 예수 그리스도께서도 흰 옷 하나만 걸친 채 조롱당하시며 빌라도에게 끌려가셨습니다." 이번에는 악마가 그려진 종이 모자가 씌어졌다. "아무런 죄가 없으신 그리스도께서는 나를 위해, 나 같이 비참한 죄인을 위해, 훨씬 거칠고 날카로운 가시 면류관을 쓰시고는 참혹한 죽음을 기꺼이 감수하셨습니다. 그리스도께서도 그리 하셨는데, 비참한 죄인에 불과한 제가 이런 수모를 당한들 어떻겠습니까? 나를 조롱하고 욕하기 위해 내게 씌운 것들, 그리스도의 가시 면류관에 비하면 그저 얇은 천 쪼가리에 불과한데, 제가 어찌 이 고난을 마다하겠습니까?"라고 말했다. 프라하 출신 제롬도 종이모자로 덮어씌워질 때 이와 비슷한 고백인 "예수 그리스도께서 십자가에 못 박히실 때, 그 분은 벌레 같은 나를 위해 고통스러운 가시 면류관을 쓰셨습니다. 이 종이 모자를 쓰고, 그 분을 조금이라도 영화롭게 할 수 있다면, 내 즐거이 불 속으로 걸어 들어갈 것입니다"라고 했다. 1550년, 이탈리아의 순교자 페닌(Fanine)도 산채로 화형을 당하면서 "형제들이여! 나는 전혀 두렵지 않습니다. 죽음에서 나를 건지시고자 자신의 생명을 아낌없이 내어주신 예수 그리스도를 위해, 기꺼이 나의 죽음을 맞이할 것입니다."라고 말했다. 프랑스의 귀족 루이스 마르삭(Louis Marsac)도 1553년 같은 운명을 맞이하며 이런 말을 남겼다. "우리가 그리스도와 함께 영원토록 사는 것을 소망한다면, 그 전에 그와 함께 고통 당하는 것도 당연하게 여겨야 합니다. 그리스도의 십자가를 함께 메지 않으려 하면서, 어찌 그 분께서 주시는 선한 것들을 바라겠습니까?" 그리스도인을 심하게 핍박해서 피의 여왕이라 불렸던 메리

여왕이 영국을 통치하고 있을 무렵, 신학자이자 목회자였던 로렌스 선더스(Lawrence Saunders)는 "예수 그리스도께서는 바로 나를 위해 쓴 잔을 마시셨습니다. 지금 그리스도께서 나를 부르시고, 그리스도의 희생에 응답하기를 바라시는데, 제가 어찌 거절하겠습니까? 라는 자신의 신앙으로 인해 1555년 영국 중부도시 코번트리에서 화형을 당했다. " 1562년 벨기에의 둘닉 근교, 프란시스 바를루트는 화형대에 오르며 이런 놀라운 고백으로 자신을 위로했다.

"진실로, 우리는 그리스도께 이르기 위해 고난의 불구덩이를 먼저 통과해야만 합니다. 그러나 우리는 잘 알고 있습니다. 우리가 걷는 이 길은 죽음이 아닌 생명으로, 이 땅이 아닌 저 하늘나라로 향하고 있다는 것을! 우리가 그리스도로 인해 조롱을 당한다면, 언젠가 그와 함께 높여지게 될 것입니다. 우리가 그리스도로 인해 고통을 겪는다면, 언젠가 그와 함께 다스리게 될 것입니다. 우리가 그리스도의 가시 면류관을 기꺼이 쓴다면, 언젠가 그리스도께서 영광의 면류관을 우리에게 씌워주실 것입니다. 우리가 그리스도를 본받아 기꺼이 수치와 정죄와 배신을 당하고, 온 세상이 이를 보게 된다면, 언젠가 그리스도와 함께 영원한 기쁨과 영광 속에서 살게 될 것입니다."

벨기에 부이용의 고트프리트 공작(Duke Godfried)은 그리스도인이라면 누구나 본받을만한 본을 보였다. 제1차 십자군 전쟁의 승리로 기독교가 팔레스타인 지역을 점령했던 1099년 무렵, 사람들이 그를 예루살렘의 왕으로 삼으려고 하자 "그 자리는 저 같은 죄인이 황금 왕관을 쓰고 앉을만한 자리가 아닙니다. 하늘의 왕 되신 그리스도께서 온 세상을 구원하시기 위해 가시 면류관을 쓰시고 값진 피를 흘리신 곳이기 때문입니다."라고 고백을 한다. 그리고는 가시로 만든 왕관을 쓰고 왕위에 오르게 된다.

다섯 번째로, 하나님께서는 영적 침체를 통해 우리가 그의 은혜에 더욱더 큰 가치를 두게 하신다. 우리는 어떤 것이 결핍되고 부족할 때 그 진정한 가치를 깨닫게 된다. 그것을 소유하고 있을 때에는 막상 그 가치를 알아채지 못하거나 잊는 경우가 종종 일어나는 것이다. 이스라엘 민족은 광야 생활을 통해 이를 경험했다.

> 이제는 우리의 기력이 다하여 이 만나 외에는 보이는 것이
> 아무 것도 없도다 하니 (민 11:6)

철학자 베이컨이 허물 없이 굴면 멸시 받기 쉽다고 말한 것도 이런 맥락에서 이해할 수 있다. 어거스틴도 설명하기를, 신랑 되신 그리스도께서 그 신부를 잠시 떠나 계시는 것은 거절당함을 인해서가 아니라, 오히려 더 오랜 시간 동안 기다리고 갈망해서 더 큰 기쁨

으로 만나주시기 위함이다. 요압이 두 번이나 자신을 방문해 달라는 청을 거절하자, 압살롬은 밭에 불을 질렀고, 이에 요압은 즉시 압살롬을 찾아온다 (삼하 14:30-31).

요약하자면, 우리는 다음의 세 경우를 통해 하나님의 은혜를 더욱더 가치 있게 여기게 된다. (1)우리가 하나님의 은혜를 느끼지 못해 간절히 간구하게 될 때, (2)하나님의 은혜를 다시 느끼고 진심으로 받아들일 때, (3)그 은혜가 우리 안에 거하고 우리가 그것을 지속시키고자 애쓸 때, 우리는 그 은혜가 얼마나 귀한지 비로소 알게 되는 것이다. 주의 신실한 종 버나드는 아가서를 설명하며, "바로 이런 이유로 그리스도께서는 우리를 잠시 떠나십니다. 우리가 그 분을 더 간절히 찾고 붙들기를 바라시는 것입니다."고 했고 시편 77편에서 아삽은 "나의 환난 날에 주를 찾았으며, 밤에는 내 손을 거두지 아니하였나니"(2절)라고 선포한다. 그리스도께서 돌아오실 때 신부는 이렇게 소리쳐 외친다.

> 마음에 사랑하는 자를 만나서 그를 붙잡고 놓지 아니하였노라 (아 3:4)

SPIRITUAL
Depression&Recovery

6장 영적 침체 가운데 찾아오시는
하나님의 은혜

하나님께서 무슨 목적으로 자녀들을 찾아오시는지 알아보아야 한다.

chapter 6

첫 장에서 우리는 영적 침체가 가져오는 고통과 근심에 대해 알아보았다. 이제 우리는 다음의 두 가지 사항을 살펴보려고 한다. 우선, 우리가 영적 침체 가운데 영혼을 어떻게 다스리고 위로를 얻어야 하는지 알아본 후, 그 다음으로, 영적 침체라는 상황에서 영혼이 어떻게 구원을 받게 되는지 고찰하며, 우리의 대적을 이겨내고 구원의 완성을 이루기 위해 우리에게 허락되는 수단이 무엇인지 알아볼 것이다. 첫 번째 주제는 이 장에서 다루고, 두 번째 주제는 다음 장에서 다루도록 하겠다.

우리가 심령이 상한 사람과 대화를 나누고 그의 아픔을 공유하며 그를 위로하고자 하는 상황에 처해 있다고 생각해보자. 사도 바울이 데살로니가 교회에 보낸 첫 번째 편지에 이런 상황이 잘 나타나 있다. "마음이 약한 자들을 격려하고, 힘이 없는 자들을 붙들어 주며"(5:14). 이사야 40장은 이렇게 시작한다. "너희는 위로하라, 내 백성을 위로하라. 너희는 예루살렘의 마음에 닿도록 말하며." 여기서 중요한 것은 마음에 닿도록 말하는 것이다. 어떤 사람의 마음에 닿도록 말한다는 것은 상대방에게 감동을 주고 도움이 되며 행복하기를 바라며 말하는 것이다. 세겜이 야곱의 딸 디나에게 가졌던 마음이 이러했을 것이다.

그 소녀를 사랑하여 그의 마음을 말로 위로하고 (창 34:3)

사사기 19장 3절에도 어떤 레위 사람이 "그 여자에게 다정하게 말하고 그를 데려오고자 하여" 그녀에게 갔다는 기록이 있다. 룻도 보아스에게 말하기를, "내 주여 내가 당신께 은혜 입기를 원하나이다. 나는 당신의 하녀 중의 하나와도 같지 못하오나 당신이 이 하녀를 위로하시고 마음을 기쁘게 하는 말씀을 하셨나이다"(룻 2:13) 라고 하였다. 이를 통해 우리는 위로 한다는 것은 마음에 닿도록 말하는 것임을 알 수 있다.

그러므로 우리는 영적 침체를 겪는 사람을 위로할 때, 그의 마음에 닿도록 말해야 함은 물론이며, 다음의 네 가지 요소를 염두에 두어야 한다.

먼저, 우리는 최선을 다해 상대방의 고통을 경감시키고 완화시키려고 노력해야 한다. "내 잠자리가 나를 위로하고, 내 침상이 내 수심을 풀리라"(욥 7:13)는 욥의 고백에서도 알 수 있듯이, 위로는 고통을 줄이도록 도와주는 것이어야 한다.

둘째로, 위로는 상대방의 마음을 굳건하게 세워주고 용기를 주는 것이어야 한다.

예수님께서 제자들에게 하신 말씀을 기억해보자.

세상에서는 너희가 환난을 당하나 담대하라 (요 16:33)

주님께서 이사야에게 하신 말씀이다.

너는 삼가며 조용하라... 두려워하지 말며 낙심하지 말라
(사 7:4)

모세는 이스라엘 백성에게 이런 권면을 하였다.

너희는 두려워하지 말고 가만히 서서 여호와께서 오늘 너
희를 위하여 행하시는 구원을 보라 (출 14:13)

요한복음에도 그리스도의 위로의 말씀이 기록되어 있다.

너희는 마음에 근심하지도 말고 두려워하지도 말라
(요 14:27)

사도 바울은 데살로니가 교회를 축복하며 위로했다.

> 너희 마음을 위로하시고 모든 선한 일과 말에 굳건하게 하
> 시기를 원하노라 (살후 2:17)

이렇듯 성경은 위로가 마음을 굳건하게 세우기 위해서 이루어져
야 한다는 것을 충분히 설명하고 있다.

셋째로, 만일 가능하다면 우리는 위로를 통해 그 사람의 고통을
없애주어야 한다.

> 슬픔과 탄식이 달아나리이다 (사 51:11)

넷째로, 우리는 위로를 통해 상대방의 슬픔을 즐거움과 영적인
기쁨으로 바꿔줄 수 있어야 한다. 예레미야 31:13에는 "내가 그들의
슬픔을 돌려서 즐겁게 하며 그들을 위로하여 그들의 근심으로부터
기쁨을 얻게 할 것임이라"했고 이사야 66:10, 13-14에서도 "예루살
렘을 사랑하는 자들이여 다 그 성읍과 함께 기뻐하라. 다 그 성읍과
함께 즐거워하라. 그 성을 위하여 슬퍼하는 자들이여 다 그 성의 기
쁨으로 말미암아 그 성과 함께 기뻐하라... 어머니가 자식을 위로함
같이 내가 너희를 위로한 것인즉, 너희가 예루살렘에서 위로를 받으
리니, 너희가 이를 보고 마음이 기뻐서 너희 뼈가 연한 풀의 무성함
같으리라"라고 말했으며 "무서워하지 말라," 주의 천사는 목자들에

게 이르기를, "큰 기쁨의 좋은 소식을 너희에게 전하노라"라고 누가복음 2장 10절은 말하고 있다. 이처럼 진정한 위로는 고통과 슬픔을 없애주고, 선한 것과 기쁨을 가져다 준다(참조. 롬 5:3; 고후 7:4-5).

그러나 누군가에게 진정한 위로를 주기 위해서는 특별하고 거룩한 가르침이 필요하다. 이사야는 말한다.

> 주 여호와께서 학자들의 혀를 내게 주사, 나로 곤고한 자를 말로 어떻게 도와 줄 줄을 알게 하시고, 아침마다 깨우치시되 (사 50:40)

또한 어떤 이가 한 종류의 약으로 모든 사람을 치료할 수 없듯이, 한 설교가 모든 영혼을 치유할 수는 없다고 말한 것도 이런 의미에서 이해할 수 있을 것이다.

이제 다시 본론으로 돌아가 영적 침체 가운데 있는 사람이 어떻게 위로를 얻고 인내할 수 있는지 알아보자. 그러나 그가 무엇을 가지고 위로를 받고 어떠한 방법으로 하나님께로부터 위로를 얻는지 알아보기 전에, 두 가지 전제사항을 언급하고자 한다. 첫 번째 사항은, 그 사람은 하나님의 은혜 속에서 살고 있는 하나님의 자녀라는 사실이다. 그가 하나님의 자녀라는 사실을 드러내주는 증거는 무수히 많다. 그 사람이 고통으로 인해 알아채지 못하고 있을 뿐이다. 그러므로 우리의 역할은 그 사람이 이런 사실을 분명하게 인식하고 느끼도록 도와주는 것이다. 우리가 대면해야 할 사람은 영적 침체를 겪고는 있지만, 여전히 하나님을 두려워하는 의의 자녀임을 기억하자. 다음으로, 영적 침체와 시련 속에서도 하나님의 은혜가 가능하다는 사실을 보여주어야 한다. 때로는 그 사람이 느끼지 못할 수도 있겠지만, 이 은혜는 결코 소멸하지 않으며, 그 사람의 영혼을 위해 영원까지 함께한다.

이제 여러분이 하나님께 속해 있고, 하나님의 은혜를 함께 나누며, 하나님의 자녀로써 그 분의 성령과 함께 한다는 사실을 나타내주는 첫 번째 증거를 살펴보자. 사실 이러한 일들은 하나님과 그리스도로부터 떠나 타락하고 정죄 받은 이들에게서는 일어나지 않는다. 먼저 여러분을 매우 슬프게 하고 마음을 억누르는 죄를 떠올려 보기 바란다. 이 때 여러분의 마음 상태는 어떠한가? 그 죄가 매우 무거운 짐으로 느껴지지 않는가? 머리속에 떠올린 죄들로 인해 치가 떨리고 깊은 슬픔이 느껴지며, 양심의 가책이 느껴지지 않는가? 이 죄들을 짓지 않았으면 좋았을 것이라는 진심 어린 후회가 밀려오지 않는가? 만일 그렇다면, 이것이 바로 여러분이 하나님의 은혜 가운데 있다는 증거인 것이다!

회심하지 않은 사람들은 죄에 대해 이런 감정을 느끼지 않는다. 그러므로 여러분이 죄에 대해 이러한 자각을 갖게 되었다는 사실을 통해 성령님의 인도하심으로 회심을 경험하고 하나님의 구원의 은혜 가운데 있음을 확신할 수 있다. 스가랴 선지자가 스가랴 12장에서 말했듯이 이 모든 일은 "'은혜를 구하는 영'과 '용서를 비는 영'을 부어" 주셨기 때문인 것이다 (슥 12:10, 새번역). 시편 51:17을 읽어보자. "하나님께서 구하시는 제사는 상한 심령이라, 하나님이여 상하고 통회하는 마음을 주께서 멸시하지 아니하시리이다." 이사야 66:1-2도 살펴보기 바란다. "여호와께서 이와 같이 말씀하시되, 하늘은 나의 보좌요, 땅은 나의 발판이니, 너희가 나를 위하여 무슨 집을 지으랴? 내가 안식할 처소가 어디랴? 나 여호와가 말하노라, 내 손이 모든 것을 지었으므로 그들이 생겼느니라, 무릇 마음이 가난하고 심령에 통회하며 내 말을 듣고 떠는 자, 그 사람은 내가 돌보려니와."

주님께서는 자신을 위해 두 장소를 마련하셨다. 자신의 영광을 드러내기 위해서는 하늘을 택하셨고 자신의 은혜를 보여주시기 위해서는 상한 심령을 선택하신 것이다. 이는 곧 주님께서 겸손하고 통회하는 마음을 가진 사람 속에 거하신다는 의미이다. 자신의 마음속에 하나님을 모셔 들이는 사람은 하늘나라에서 하나님께서 예비하신 처소를 얻게 된다. "수고하고 무거운 짐 진 자들아, 다 내게로 오라, 내가 너희를 쉬게 하리라"고 말씀하셨다 (마 11:28; 사 55:1; 57:15; 삼상 1; 행 2).

두 번째로, 하나님의 은혜가 여러분 속에 있다는 사실은 여러분이 그 은혜를 가장 귀하게 여긴다는 사실에서 드러난다. 한번 생각해 보라. 여러분이 하나님의 은혜와 그것을 느끼는 것보다 더 귀하게 여기거나 애착을 갖거나 가치 있게 여기거나 애쓰는 것이 있는가?

이 세상과 육신에 속한 것들이 하나님의 은혜를 여러분 자신이나 세상의 그 무엇보다도 가치 있게 여기도록 가르쳤는가? 아니면, 성령 하나님께서 그의 은혜를 통해서 가르치셨는가? 그렇다! 하나님께서 우리 안에서 역사하시며 우리가 하나님을 더 존귀하게 여기도록 이끄신 것이다! 하나님의 은혜와 형상을 소유한 사람만이 하나님을 더욱 가치 있게 여길 수 있는 것이다. "또한 모든 것을 해로 여김은 내 주 예수 그리스도를 아는 지식이 가장 고상하기 때문이라. 내가 그를 위하여 모든 것을 잃어버리고 배설물로 여김은 그리스도를 얻고"(빌 3:8). 하나님의 은혜가 사도 바울 안에서 역사하지 않았다면, 그는 결코 이와 같이 고백할 수 없었을 것이다. 바울은 골로새 교회에도 비슷한 내용의 편지를 썼다. "우리로 하여금 빛 가운데서 성도의 기업의 부분을 얻기에 합당하게 하신 아버지께 감사하게 하시기를 원하노라"(골 1:12). 하나님만을 기뻐하기 위해 다른 모든 것을 던져버린 것이다! 그리하여 주님께서 나와 함께 하신다면, 다른 어떤 것도 바라지 않는다고 고백할 수 있고, 아가서의 신부처럼 사람이 그의 온 가산을 다 주고 사랑과 바꾸려 할지라도 오히려 멸시를 받으리라(8:7)고 선포할 수 있다. 누구든지 이런 고백을 할 수 있는 사람은 이루 말할 수 없이 부요한 자인 것이다. 하나님의 은혜가 아니고서는 어느 누가 이렇게 말하고 행동할 수 있을까? 결코 없다. 결국 우리는 어거스틴처럼 "하나님 이외의 것은 무엇이든지 간에 미천할 뿐입니다."라고 고백하게 된다. 순교자 존 디아시우스(John Diasius)도 마찬가지였다. 그의 형 알폰수스(Alphonsus)가 로마교회에서 매년 제공받는 500 두카토를 가지고 디아시우스에게 개종할 것을 회유하자 이렇게 대답했다.

"형, 나는 형이 생각하는 것만큼 그리 탐욕스런 사람이 아닙니다. 내가 돈이나 재화에 욕심이 있었다면, 지금까지와는 다른 모습으로 살았겠지요. 내가 가지고 있는 하나님에 관한 지식, 그 분의 은혜를 통해 얻게 된 그 지식만이 내가 최고로 여기는 것입니다. 나의 종교적 양심이 세상의 그 어떤 재화나 돈 보다도 가치 있고 귀한 것입니다."

세 번째로, 여러분이 하나님의 은혜를 진심으로 갈망하고 기다리며, 그 은혜가 채워질 때까지 만족해하지 못한다는 사실이 바로 여러분이 하나님의 은혜 가운데 거하고 있음을 보여준다. 이러한 갈망은 하나님의 은혜 없이는 생겨나지 않기 때문이다. 여기서 말하는 갈망은 진실 된 마음으로 원하는 것을 의미한다. 단순히 은혜를 느끼는 것 이상이어야 한다. 하나님의 은혜를 얻고자 하는 진정한 갈망이 이미 그 은혜 속에 거하고 있음을 드러낸다. 성경은 우리가 하나님의 선하심을 경험하고 맛볼 때뿐만 아니라, 그 이후 다시 주리고 목마르게 되는 경우에도 우리가 그 은혜를 여전히 소유하고 있다고 가르친다. 유일한 구원자 되시는 그리스도께서 마태복음 5장 6절에서 "의에 주리고 목마른 자는 복이 있나니, 그들이 배부를 것이요."라고 말씀하셨다. 주님께서는 여기서 의로운 자로 거듭나야 한다고 말씀하시지 않는다. 의에 주리고 목마른 자들은 이미 복을 누리고 있는 자들이라고 말씀하신다.

그렇기 때문에 느헤미야도 자신의 기도에서 하나님을 섬기고자 하는 자들을 이미 하나님의 종이라고 부르고 있는 것이다. 느헤미야는 "주여 구하오니, 귀를 기울이사 종의 기도와 주의 이름을 경외하기를 기뻐하는 종들의 기도를 들으시고"라고 기도했다(1:11). 사실, 아주 신실한 모습으로 하나님을 섬기는 것처럼 보이는 사람들도 그들의 모든 행동과 성향, 갈망에 이런 바람이 묻어나는 것은 아니다. 라틴 교부 제롬은 자신의 내면에 있는 이러한 갈등을 "내가 죄성을 억누르려 한 그 순간부터 지금까지, 나는 아주 작은 죄 조차도 억누르지 못했습니다."라고 고백했다.

성경은 하나님의 은혜로운 도우심과 위로가 아무것도 내어놓을 것이 없는 불쌍한 거지와도 같은 자들에게 자주 주어진다고 설명하고 있다. 그들은 단지 굶주리고 목마르며 손에 아무것도 가진 것이 없는 자들일 뿐이다. 그러나 하나님께서는 바로 그런 사람들을 원하신다. 우리가 가진 무언가를 원하시는 것이 아니다. 마리아는 "주리는 자를 좋은 것으로 배불리셨으며, 부자는 빈 손으로 보내셨도다"(눅 1:53) 라고 노래했으며 이사야 55:1에서는 이렇게 초대한다. "오호라 너희 모든 목마른 자들아, 물로 나아오라. 돈 없는 자도 오라, 너희는 와서 사 먹되 돈 없이, 값없이 와서 포도주와 젖을 사라"고 초대한다. 누가 초대 받은 것일까? 이미 부요 하거나 만족을 얻은 사람이 아니다. 목마른 자, 바로 여러분의 영혼이 초대를 받은 것이다. 그렇다면 무엇을 위해 초대 받은 것일까? 만족을 얻기 위함이다. 하나님의 포도주와 젖, 곧 그의 풍성한 은혜를 나누고 함께 기뻐하기 위함인 것이다. 하나님께서는 그의 은혜를 팔지 않으신다. 배고픈 자에게 빵을 주듯이, 아무런 대가 없이 선물로 주실 뿐이다. 이것이 바로 의로운 사람이 해야 할 행위인데 우리 주 하나님께서 먼저 행하신 것이다.

여러분도 그 은혜를 바라고 있지 않는가? 그것이 바로 여러분이 간절히 찾던 것 아닌가? 그 은혜를 누리기 위해 하나님을 기쁘시게 해야 하는 전제조건, 즉, 돈이나 물질, 행위나 노력이 필요하다면 여러분은 어떻게 하나님의 은혜를 얻을 수 있을까? 만일 이런 방식으로 은혜가 주어졌다면, 여러분은 결코 그 분의 은혜를 누릴 수 없을 것이다. 여러분은 가진 것이 아무것도 없기 때문이다. 여러분이 "나는 가진 것이 아무것도 없습니다" 라는 고백을 할 수 있을 때에야, 비로소 주님께 초대를 받게 되는 것이다. "돈 없는 자도 오라, 너희는 와서 사 먹되 돈 없이, 값없이 와서." 이런 이유로 양식이 아닌 것을 위하여 은을 달아 주며 배부르게 하지 못할 것을 위하여 수고하는 사람들에게는 책망이 주어지는 것이다. 예수님께서도 요한복음 7:37을 통해 "명절 끝날, 곧 큰 날에 예수께서 서서 외쳐 이르시되, 누구든지 목마르거든 내게로 와서 마시라"고 말씀하셨다. 주님께서 특별히 목마른 영혼들에게 그 분의 은혜를 약속하신 것이다. 이러한 약속의 말씀은 예레미야 50:4-5에서도 읽을 수 있다. "여호와의 말씀이니라. '그 날 그 때에, 이스라엘 자손이 돌아오며, 유다 자손도 함께 돌아오되, 그들이 울면서 그 길을 가며 그의 하나님 여호와께 구할 것이며, 그들이 그 얼굴을 시온으로 향하여 그 길을 물으며 말하기를, 너희는 오라 잊을 수 없는 영원한 언약으로 여호와와 연합하라 하리라.'"

어떤 사람은 핑계를 대며 주님께 나아가는 것을 회피하려 할지도 모른다. "물론 주님께 나아가는 사람은 유익하겠죠. 그러나 저는 아닙니다. 저는 주님께 나아가지 않을 것이기 때문입니다." 그런 자들에게 이렇게 말하고 싶다. "주님께 나아가지 않겠다고요? 정말 주님께 나아가고 싶지 않습니까? 언젠가 당신이 전심을 다해서 주님께 나아가려 할 뿐 아니라, 어쩌면 뛰어서, 할 수만 있다면 날아서라도 주님께 나아가고 싶어 몸이 다는 날이 올 것입니다."

이러한 갈망이 바로 우리가 다루고자 하는 것이다. 우리가 하나님의 은혜 속에 있을 때에만 우리가 이러한 갈망을 갖게 된다. 어거스틴은 이렇게 말했다. "우리가 하나님의 자비로운 도움의 손길을 바란다는 것 자체가, 하나님의 은혜가 우리 안에 이미 거하기 시작했음을 의미합니다." 또한 무지몽매한 사람들에게 교리를 가르치는 일을 예로 들어 설명하면서, 이렇게 말했다. "하나님의 은혜가 종종 교리를 가르치는 교사를 통해 전달되기도 합니다. 교리 교육을 받고 난 이후, 무지몽매한 이들이 그 동안 머릿속으로 그려왔던 모습을 갖고자 갈망하기 시작하죠. 시작이 반이란 말처럼, 이들은 이미 그 수준에 이르렀다고 볼 수 있는 것입니다."

이보다 먼저, 터키 카파도키아 지역의 교부인 바실(Basil)도 비슷한 말을 했다. "그저 바라기만 하십시오. 하나님께서 먼저 찾아오실 것입니다." 다른 교부들도 바실의 이런 가르침을 지지하며 다음과 같이 해석했다. 바실은 탕자의 아버지가 탕자에게 달려가 그를 안으려는 마음이 언제 생기는지 다음과 같이 설명하였다. "돌아온 아들이 입을 여는 순간, 아버지는 그 아들을 껴안았습니다. 아버지의 자비를 느끼는 순간, 아들은 용서를 받을 수 있다는 희망을 잃지 않게 됩니다." 바실은 또 이렇게 설명했다. 의지만 있다면, 더 이상 그 어떤 것도 그것을 방해하지 못할 것입니다. 이런 의미에서 제롬도 "무언가를 하고자 하는 강한 의지, 이는 곧 이미 행동한 것이나 마찬가지입니다"라고 말하는 것이다. 우리는 성경에서도 이러한 의미의 구절들을 발견할 수 있다. "주 예수 그리스도께서는 악을 행하고자 하는 마음을 품은 자마다 이미 그 악을 행한 것"이라고 말씀하신다. 마태복음 5:28에서 "나는 너희에게 이르노니 음욕을 품고 여자를 보는 자마다 마음에 이미 간음하였느니라"고 말씀하고 계시고, 요한 1서 3:15에서는 "그 형제를 미워하는 자마다 살인하는 자"라고 경고하신다. 물론 이 구절들은 악을 행하려는 마음에 대해 말하고 있지만, 우리는 그 반대 의미를 생각하여 선한 행위를 행하고자 하는 마음도, 하나님께서 그 행위로 간주하신다고 이해할 수 있는 것이다. 그렇기 때문에 사도 바울은 고린도후서 8:12에서 "할 마음만 있으면 있는 대로 받으실 터이요, 없는 것은 받지 아니하시리라"고 말할 수 있었다. 어떤 사람이 마음먹은 만큼 충분히 행동으로 보여주지 못했다 할지라도, 그런 의지를 가진 사실만으로도 인정받을 만하다는 것이다. 버나드는 이렇게 말했다. "가치 있는 의지를 품은 사람은 결코 길을 잃지 않습니다." 이런 이유들로 인해 모든 신학자들이 의지를 행동으로 간주해도 좋다고 의견을 모으는 것이다.

조지 카산드라(George Casandra)는 자신의 책『상담학(Consultation)』에서 상담자가 큰 슬픔에 빠진 피상담자를 만났을 때 어떻게 해야 하는지 말하고 있다. 피상담자가 느끼는 슬픔이 충분하지 못하다는 것을 발견하면, 상담자는 그에게 더 큰 슬픔을 원하지 않느냐고, 혹은 슬픔이 더 크지 않아서 애통해하지 않는 것이냐고 질문해야 한다. 이와 마찬가지로 우리의 영혼이 더 이상 믿음과 사랑, 신뢰를 갖지 못해 애통해하고 있을 때 이렇게 질문해야 한다. 믿음과 사랑, 신뢰, 이 모든 것들을 갖고자 소망하는가? 만일 이런 바람과 갈망이 진실하고 정직한 것이며, 그 동안 기다려왔던 구원과 은혜를 얻고자 애쓰는 것이라면, 이는 긍정적이고 확실한 조짐임에 틀림없다.

그렇기 때문에 우리는 치타델라 태생의 이탈리아 법률가인 프란시스 스파이라에 대한 판단도 잠시 보류해야 하는 것이다. 한 명의 부인과 열한 자녀를 둔 50대의 스파이라는 1550년 바젤에서 발행된 몇 편의 라틴어 편지로 인해 잘 알려지게 되었다. 1644년 무렵에는 이 편지가 독일과 영국, 네덜란드, 프랑스에서도 발행되기 시작했다.

잠시 자신의 명예와 재산을 지키는 것에 혈안이 되었던 스파이라는 양심으로부터 들려오는 책망과 경고에도 불구하고, 교황의 특사로 온 요한 카사(John Casa) 앞에서 자신의 신앙을 포기하기로 결심한다. 1548년, 베니스에서 일어난 일이었다. 이 일이 있은 후, 스파이라는 극심한 영혼의 고통을 느끼게 되었고 온갖 시련들을 겪어야만 했다. 그가 겪은 시련은 좀처럼 보기 힘든 것이었고, 이로 인해 스파이라는 배교자로 세상에 버려진다는 것이 무엇을 의미하는지 보여주는 본보기처럼 되고 말았다. 베니스에서 진리를 거부한 이후 고향으로 돌아온 스파이라는 고집스럽게 배교자의 삶을 살아간다. 그러자 하나님께서 그의 양심을 자극하셔서 그의 인생 마지막 날까지 고통과 괴로움 가운데 살아가도록 하셨다. 온갖 종류의 시련들이 무서울 정도로 그의 삶을 엄습했던 것이다.

당시 사람들이 스파이라를 어떤 눈으로 바라보았는지는 터키한 도시의 주교였던 베르게리우스(Paul Vergerius)의 말을 통해 알수 있다. 당시 베르게리우스는 이탈리아의 파도바 지역에 집이 한 채있었는데 스파이라의 집과 가까운 곳이었다. 스파이라는 종종 이곳에 들러 그와 함께 시간을 보냈다. 베르게리우스는 『변명(Apologia)』에서 먼저 스파이라가 아무런 희망 없이 살고 있었음을 말해준다. 하나님께 돌아가고 싶어했지만, 그럴 수 없을 거라는 절망 속에 있었다. 그러나 곧 베르게리우스는 스파이라에 대해 여타의 사람들과는 사뭇 다른 평가를 내린다. 스파이라가 하나님과 그의 은혜를 향한 애타는 간절함과 열망을 자주 드러냈음을 언급하였다. 이것이 바로 우리가 그에 대해 섣부른 판단을 해서는 안 되는 이유인 것이다.

스파이라는 빈번하게 자신의 진심 어린 바람을 "단 한 순간만이라도, 내가 다시금 하나님의 사랑을 느껴봤으면! 지금 내가 하나님을 적으로 느끼는 만큼만, 그 분의 사랑을 다시 한 번 느껴봤으면!" 또는, "나는 더 이상 사람들을 믿을 수도, 하나님의 은혜를 신뢰할 수도 없습니다. 그럴 수 있기를 바라기는 하지만 당장은 할 수가 없습니다. 그렇기에 간절히 바라고 있지는 않습니다. 하나님을 신뢰할 수 있다고 소망하곤 했었죠. 그러나 지금 그러지 못하고 있습니다. 그러므로 나는 소망한다고 말할 수가 없습니다."라고 탄식가운데 표현했다. 다른 곳에서 스파이라는 "거듭 말하지만, 내가 하나님의 은혜를 아주 조금이라도 맛보고, 다시금 하나님과 화목하게 되었음을 느낄 수만 있다면, 몇 천 년이건 간에 지옥과도 같은 형벌을 기꺼이 감수하겠습니다."라고 말했다.

베르게리우스의 다급한 요청에 스파이라는 기도를 시작한다. "하늘에 계신 우리 아버지……" 말문을 떼자마자 흘러내리는 눈물로 인해 그는 기도를 중단해야만 했다. 지나가는 사람이 그를 지켜보고는 좋은 조짐이라고 얘기하자 스파이라는 "나는 나의 비참한 처지로 인해 우는 것입니다. 하나님께서 나를 버리셨고, 이제는 내가 예전처럼 확신을 가지고 그 분을 부를 수 없기 때문이죠."라고 대답한다. 베르게리우스의 계속되는 권유에 스파이라는 다음 기도를 드린다. "아버지의 나라가 임하오시며," 여기서 스파이라는 "오 주님, 제가 이 나라에 들어가게 해주십시오. 기도하오니, 저를 밖으로 내치지 마십시오!"라고 고백하게 된다. 이제 주기도문의 네 번째 간구를 드린다. "오늘 우리에게 일용할 양식을 주옵시고," 그리고는 "오 주님, 제 육신을 채우기에는 이미 충분한 양식이 있습니다. 제가 필요한 것은 다른 양식입니다. 겸손히 주님의 은혜의 양식을 구합니다. 이 양식이 없다면 저는 죽은 사람이나 마찬가지임을 잘 알고 있습니다." "우리를 시험에 들게 하지 마옵시고"라고 기도한 후, "저는 시험에 빠져있습니다. 제가 여기서 구원받을 수 있게 저를 도와주십시오. 저의 대적이 저를 짓누르고 있습니다. 기도드리오니, 저를 도우셔서 제가 이 대적을 물리칠 수 있도록 해주십시오." 라고 기도하였다.

역사 기록에 따르면, 스파이라는 이 모든 고백을 슬픔 가운데 했음을 알 수 있다. 두 뺨을 타고 흐른 눈물은 그의 심령 속에 무엇이 있었는지 잘 말해준다. 그와 함께 했던 모든 사람들의 마음속에도 그를 향한 슬픔과 동정심이 가득했다. 스파이라의 기도가 끝나자 베르게리우스는 "프란시스 형제여, 하나님께 모든 찬송을 올려드립시다.

그대는 하나님의 은혜를 구하고자 진심 어린 마음으로 탄식하며 기도 드렸습니다. 이것이 바로 그대가 완전히 버림받지 않았다는 증거입니다."라고 말했고 스파이라는 대답했다. "베르게리우스 주교님의 그런 믿음과 신뢰가 하나님의 은혜의 선물입니다. 그런데, 제게 부족한 것이 바로 그것이죠. 나를 향한 하나님의 은혜와 자비를 바라거나 신뢰할 수 없습니다. 제가 하나님께 바라는 단 한 가지, 그것은 제가 용서받을 수 있다는 희망을 갖는 것과 그것을 신뢰하는 일입니다."

다른 저자는 스파이라가 이런 고백을 했다고 기록하고 있다. "오, 나는 의로운 자였는데! 만일 내가, 하나님의 선한 섭리를 통해 다시금 은혜의 상태로 회복될 수만 있다면, 모든 핍박과 고통을 감수하고 참을 수 있는 영혼을 소유하게 될 텐데. 그리하여 불꽃이 내 영혼을 불사르고 내 몸이 썩어 먼지나 재로 변할 때까지 나의 입과 눈, 마음으로 그리스도를 즐거이 전하는 것을 멈추지 않을 텐데!"

이 저자는 자신의 편지에서 스파이라가 어떤 책에 대해 논평한 것도 언급하고 있다. 이 책은 21년 전 철학자 페레투스(Peretus)에 의해 쓰인 책으로, 예수 그리스도께서 행한 기적이 자연적인 원인에 의한 것이라고 폄하하는 내용이었다. 스파이라는 이에 대해 "자연인은 하나님의 성령께서 하시는 일을 전혀 이해하지 못한다"고 일축했다.

일부 저자들은 스파이라가 이전에 심령 가운데 깨달았던 것을 토대로 그를 평가하기도 했다. 스파이라는 자신의 예전 상태에 대해 이렇게 말했다. "나는 하나님을 나의 아버지로 깨달았습니다. 그 분의 창조 사역뿐만 아니라, 중생하게 하시는 능력을 통해서도 알 수 있었죠. 그 분의 아들, 구세주 예수를 통해서도 알게 되었습니다. 그 분의 이름을 부를 수도 있었고, 죄를 용서해 주실 것이라는 소망도 감히 품어보았습니다. 그 분의 자비하심과 평화, 위로를 내 마음 속에서 느꼈습니다."

사실 당시 스파이라는 자신의 위선에 대해 진지하게 고민하고 있었다. 진정으로 거듭난 신자라면 신앙을 버릴 수 없다는 사실을 그는 잘 알고 있었기 때문이다. 따라서 어느 한 영혼을 평가할 때에 두려움에 사로잡혀 그릇된 판단에서 나온 말보다는 우리가 목격할 수 있는 여러 외적인 요소를 통해 올바른 평가를 내려야 함을 기억하자. 환자의 말보다는 우리가 관찰할 수 있는 증상들에 더 무게를 두는 것이 옳은 것처럼 말이다. 스파이라는 정죄를 받아 절망에 빠진 사람으로 비춰지고 있고, 매우 좋지 않은 신앙인의 본보기로 거론되고 있는 것이 사실이다. 그러나 그가 보여준 탄식과 기도 등의 외적 증거들을 토대로 볼 때, 그에 대해 부정적인 평가를 내리는 것은 자칫 경솔할 수도 있다.

물론, 그에 관한 역사 기록을 읽는 것은 진리를 가볍게 생각하는 사람이나 삶에 대한 경솔한 사고방식을 가지고 있는 사람들을 일

깨우는데 여전히 유용함에 틀림없다. 주교 폴 베르게리우스도 스파이라의 일화가 자신의 생각을 돌이키는데 큰 영향을 미쳤다고 고백했다. 베르게리우스가 스파이라와 친분을 쌓게 된 시점은 베르게리우스가 교황의 부름을 받고 측근이 되어 권력을 공유할 수 있는 기로에 있을 때였다. 결국, 그는 재산과 친구, 조국, 주교직 등 모든 것을 포기하기로 결심하고 스위스 바젤로 떠난다. 바젤 대학에서 교수로 재직 중이던 독일 종교개혁자 마르틴 셀라리우스(Martin Cellarius)의 집에 들어서면서 그는 "이 보게 셀라리우스, 내가 스파이라를 만나지 않았더라면 바젤에 결코 오지 않았을 걸세." 말했으며 베르게리우스는 스파이라의 경우를 통해 진리에 대한 확신을 가지게 되었고, 『변명(Apologia)』을 저술하여 다른 사람들에게도 같은 교훈을 주고자 하였다.

스파이라의 일화는 우리 영혼이 하나님의 은혜 가운데 거할 때 일어나는 현상의 네 번째 증거이다. 곧, 모든 종류의 죄를 미워하여 우리 안에 뿌리 깊게 자리 잡고 있는 심각한 죄악들도 피하기 시작한다. 여러분들이 죄를 몹시 싫어하게 되고 주변 사람들에게도 죄를 경계하도록 권유하며, 죄를 피하고 죄를 억누르려는 이 모든 노력들이 바로 하나님의 은혜가 여러분 속에서 일하심을 드러내는 것이 아니고 무엇이겠는가? 분명 이러한 현상은 우리가 죄를 쫓아가고 우리 자신을 아무런 생각 없이 죄에 내어주는 것보다 훨씬 낫다. 그럼에도 왜 여러분들 중 일부는 하나님의 은혜와 회개의 역사가 여러분 안에서 일어나고 있다는 사실을 부정하려고 하는가? "육으로 난 것은 육이요, 영으로 난 것은 영이니라"는 요한복음 3:6 말씀은 바로 이런 의미인 것이다.

이제 여러분은 육에서 나오는 것은 육에 속한 것뿐임을 알게 되었고, 성령으로부터 나오지 않고서는 그 어느 것도 영적이지 않으며 육에 속한 것을 이겨내지도 못한다는 사실을 인정할 수 있을 것이다.

> 그러나 하나님의 견고한 터는 섰으니 인침이 있어 일렀으되 주께서 자기 백성을 아신다 하며 또 주의 이름을 부르는 자마다 불의에서 떠날지어다 하였느니라 (딤후 2:19)

불의에서 떠난다는 것은 여러분이 인침을 받아 이제는 그리스도와 하나님께 속하게 되었음을 드러내는 특성이다 (참조. 겔 18:5-10).

다섯 번째로, 우리가 하나님의 은혜와 함께 거하게 되면, 기독교에서 말하는 선행들을 주의 깊게 살펴보고 이를 실천하고자 애쓰며 부지런히 노력하는 모습을 우리 안에 발견하게 된다.

여러분 스스로도 선한 일을 향한 열망을 갖게 되고 하나님의 모든 명령을 지키며 살고자 하는 소망이 생겨나는 것을 경험하고 있을 것이다. 전심을 다해 하나님을 사랑하고 이웃을 섬기고자 노력하면서, 이전에는 몰랐던 하나님과의 동행을 경험하게 된다. 이러한 사실들이 여러분이 하나님의 은혜 안에 거하고 있음을 분명하게 말해주고 있으며, 거룩한 길만 따라가도록 여러분을 강건케 하고 있는 것이다. 그리스도께는, "나를 떠나서는 너희가 아무 것도 할 수 없음이라"(요 15:5)고 말씀하셨다. 또한 사도 바울은 고린도 교회에 이렇게 편지하였다.

> 성령으로 아니하고는 누구든지 예수를 주시라 할 수 없느니라 (고전 12:3)

> 너희 몸은 너희가 하나님께로부터 받은 바 너희 가운데 계신 성령의 전인 줄을 알지 못하느냐 너희는 너희 자신의 것이 아니라 (고전 6:19)

그러므로 사도 바울이 고백했던 것처럼 하나님께서 주시는 능력이 아니고서는 우리는 선한 것을 생각조차도 할 수 없는 존재임을 인식해야 한다. 오직 하나님께서 우리 안에 역사하실 때만 우리의 의지와 행동이 선을 향하게 되는 것이다. 이러한 모든 것들을 고려해 볼 때, 여러분은 여러분과 함께 하시는 성령 하나님과 그 분의 은혜를 분명히 깨닫지 않을 수 없다. 그럼에도 왜 여전히 하나님의 임재를 의심하는가?

이제 우리의 초점을 특별히 다른 한 부분에 집중해보자. 여러분의 가슴 깊은 곳에 그리스도 안에서 같은 믿음을 공유한 사람들을 향한 사랑이 있음을 발견하게 될 것이다. 주 안에서 형제자매요 주님의 거룩한 백성을 향한 애정 말이다. 이것은 일시적인 감정이 아니라 그들이 보여준 거룩한 삶과 은사들로 인해 갖게 되는 진지한 존경의 마음이다. 이제 내가 여러분에게 묻고 싶은 것은, 만일 하나님께서 그들이 소유했던 것과 같은 거룩한 영을 여러분에게 부어주지 않으시고, 이를 통해 모든 지체들을 하나로 연합시키지 않으셨다면, 과연 어떻게 여러분이 그들을 향한 존경과 사랑을 갖게 되었을까 하는 것이다. 여러분은 하나님의 자녀들이 경건한 삶을 살며 보여준 거룩함과 헌신, 그리고 그들의 은혜의 삶을 매우 가치 있게 여기고 있다. 이런 인식은 여러분이 그들과 같은 원리를 공유하고 있고, 같은 토대 위에 서 있으며, 같은 원인에서 시작하고 있기 때문에 가능한 것이다. 그것은 바로 여러분 안에 거룩함을 향한 갈망과 노력을 허락하신 성령 하나님이시다. 여러분은 다윗처럼 그들을 높이 평가하고 칭송하기도 한다.

> 땅에 있는 성도들은 존귀한 자들이니, 나의 모든 즐거움이
> 그들에게 있도다 (시 16:3)

성도들을 존귀한 자들로 칭송하게 되는 것이다. 이러한 모든 사

실을 통해 여러분이 그들과 동일한 성령을 소유하고 있고 그들과 동일한 목적을 향해 인도되고 있음을 알 수 있지 않는가?

배움을 통해 기쁨을 느끼는 사람은 자신의 지식이 확장되는 것을 봄으로써 만족함을 얻는다. 마찬가지로, 경건하고 신실한 삶을 살았던 사람들의 거룩함에 마음이 끌리는 사람은 그들을 경건함으로 인도했던 동일한 거룩의 영을 통해 그들의 삶을 존경하게 된다. 하나님을 모르는 사람들이 경건한 사람들을 미워하는 이유가 여기에 있지 않을까?

경건한 사람들과 그들이 보여준 거룩함을 사랑하게 되었다는 것은 여러분이 경건한 마음을 갖기 시작했다는 신호이다. 요한은 이르기를, "우리는 형제를 사랑함으로 사망에서 옮겨 생명으로 들어간 줄을 알거니와 사랑하지 아니하는 자는 사망에 머물러 있느니라"(요일 3:14) 고 하였으며, 예수님께서도 이렇게 말씀하셨다.

> 너희가 서로 사랑하면 이로써 모든 사람이 너희가 내 제자
> 인 줄 알리라 (요 13:35)

이런 사랑을 소유한 영혼들은 경건한 사람들과 교회에 관심을 갖게 되고, 그들이 더욱더 잘되고 기뻐하기를 바라며 "예루살렘아 내가 너를 잊을진대, 내 오른손이 그의 재주를 잊을지로다"라고 고백하게 된다(시 137:5). 이것이 바로 여러분이 교회에 속하게 되었고 거룩

한 성도의 연합에 참여하게 되었다는 증거이다. 성경은 이에 대해 이르기를, "예루살렘을 위하여 평안을 구하라, 예루살렘을 사랑하는 자는 형통하리로다"(시 122:6) 하셨다.

위에서 우리가 다룬 다섯 가지 현상은 영혼이 극심한 시련 가운데 처해 있는 경우에도 관찰할 수 있다. 첫 번째 현상은 회개를 통해, 두 번째와 세 번째 현상은 믿음을 통해, 마지막 두 현상은 회심에서 발견된다. 이 다섯 가지 현상을 통해 하나님의 은혜가 우리 영혼 속에 거한다는 것을 증명하였다. 그리고 이를 통해 우리가 특별히 드러내고자 했던 것은 하나님께서 구체적으로 우리의 영혼 어디에 거하고 계시냐는 것이다. "좋은 소식을 전하는 시온아, 어서 높은 산으로 올라가거라. 아름다운 소식을 전하는 예루살렘아, 너희 목소리를 힘껏 높여라. 두려워하지 말고 소리를 높여라. 유다의 성읍들에게 '여기에 너희의 하나님이 계신다' 하고 말하여라"(사 40:9).

어떤 이는 "하지만 제 영혼의 내면에서 이러한 것들이 잘 보이지 않습니다. 저는 너무도 연약하고 죄로 얼룩져 있을 뿐입니다"라고 고백하며 이러한 사실을 부정할지도 모른다. 물론 하나님께서는 어떤 구체적인 수치를 규정해 놓으시거나 단계를 명시하지는 않으셨다. 회개와 믿음, 회심의 사건이 이러이러한 단계를 거쳐 일어난다고 말씀하시지도 않으셨다.

  그렇다. 하나님께서 우리에게 원하시는 것은 다른 어떤 것이 아니라 우리의 갈망 그 자체인 것이다. 우리의 심령 가운데 굳게 자리 잡은 확고한 갈망을 요구하신다. 우리가 연약한 순간 애통하고 불완전함을 깨닫는 것은 바로 이러한 확고한 갈망으로부터 시작하기 때문이다. 네덜란드의 독립을 이끌었던 오렌지공 모리스(Prince Maurice)는 생을 마감하는 순간에도 이런 고백을 했다. "지금 내가 근심하는 이유는 세상에서 이루지 못한 일 때문이 아닙니다. 내 유일한 슬픔은 내가 저지른 죄에 대해 충분히 회개하지 못한 것입니다. 이로 인해 신앙의 진보를 나타내지 못했을까, 혹은 내가 바랐던 만큼 하나님을 제대로 섬기지 못했을까 걱정할 뿐입니다." 이러한 고백이야말로 진정으로 회심을 경험하고 하늘에 속한 사람들이 나타낼 수 있는 증거인 것이다. 우리의 부족함을 깨닫고 우리의 죄로 인해 애통해 하는 것, 더 깊이 애통해 할 수 없음을 애통해 하는 것, 이것이 바로 우리가 경험할 수 있는 완전함이 아닐까? 순교자 윌리엄 가디너(William Gardiner)는 자신의 뿌리 깊은 연약함에 눈물 흘리며 자신의 죄를 더 철저하게 미워하지 못하고 경건함 삶을 부지런히 추구하지 못함을 애통해 했다.

다음으로, 영적 침체를 깊이 경험하는 영혼도 하나님의 은혜와 믿음, 구원을 경험한다는 것을 증명하고자 한다. 우리 영혼 가운데 있는 (1)하나님의 은혜와 믿음, (2)하나님의 자비, (3)하나님의 구원은 우리가 겪는 시련으로 인해 소멸하지 않는다. 다시 말해, 성도의 견인(Perseverance of the Saints) 교리가 참된 진리라는 것이다. 성경은 여러 구절을 통해 하나님께서 허락하신 믿음이나 은혜가 결코 사라지지 않는다는 사실을 다음과 같이 확증하고 있다. 요한일서 3:9: "하나님의 씨가 그 속에 거함이요"; 요한복음 4:13-14: "이 물을 마시는 자마다 다시 목마르려니와, 내가 주는 물을 마시는 자는 영원히 목마르지 아니하리니, 내가 주는 그 물은 그 속에서 영생하도록 솟아나는 샘물이 되리라"; 14:16: "그가 또 다른 보혜사를 너희에게 주사 영원토록 너희와 함께 있으리니"; 14:17: "그는 진리의 영이라... 너희는 그를 아나니, 그는 너희와 함께 거하심이요"; 빌립보서 1:6: "너희 안에서 착한 일을 시작하신 이가 그리스도 예수의 날까지 이루실 줄을 우리는 확신하노라."

하나님의 자비도 결코 사라지지 않는다. 사도 바울은 고린도전서 1:8에서 "주께서 너희를 우리 주 예수 그리스도의 날에 책망할 것이 없는 자로 끝까지 견고하게 하시리라"고 말하고는 뒤이어 9절에서 하나님은 신실하신 분이라는 사실을 상기시킨다. 베드로 사도는 "말세에 나타내기로 예비하신 구원을 얻기 위하여 믿음으로 말미암아 하나님의 능력으로 보호하심 받았느니라"고 하였다(벧전 1:5). 시편 37:24에 기록된 다윗의 고백도 이런 내용이다. "그는 넘어지나 아주 엎드러지지 아니함은 여호와께서 그의 손으로 붙드심이로다"(참조. 렘 32:39-40).

하나님께서 허락하신 구원이 소멸하지 않는다는 사실은 요한복음 6:39-40에 잘 드러나 있다. "나를 보내신 이의 뜻은 내게 주신 자 중에 내가 하나도 잃어버리지 아니하고 마지막 날에 다시 살리는 이것이니라 내 아버지의 뜻은 아들을 보고 믿는 자마다 영생을 얻는 이것이니 마지막 날에 내가 이를 다시 살리리라 하시니라"(참조. 요 10:28-30; 롬 8:29 이하). 그렇다. 마태복음 16:18의 말씀처럼 음부의 권세는 우리를 이길 수 없다.

지금까지 우리가 알아본 바에 의하면, 하나님의 능력과 신실하심으로 말미암아 그의 은혜를 경험했던 의의 자녀들은 그 믿음 가운데 영원토록 거하게 된다. 이 믿음의 자리에서 완전히 떨어져 나가거나, 하나님의 자녀가 된 이후에 다시 마귀의 자녀가 되는 일은 일어나지 않는다. 비록 영적 침체를 겪기도 하겠지만, 하나님께 완전히 버림을 받는다거나 하나님의 은혜의 자리에서 완전히 내침을 당하는 일은 있을 수 없다는 것이다.

또한 여러 대적들에 둘러싸인 영혼도 하나님께 완전히 버림을 받거나 그의 은혜의 자리에서 떨어져 나가지 않는다는 증거들도 살펴보았다. 이러한 처지에 있는 영혼도 하나님의 은혜를 경험할 수 있으며 여전히 그 은혜의 흔적을 지니고 있다. 이와 더불어 하나님께서 그의 백성들을 영원히 사랑하신다는 것과 이 사랑으로 인해 그들의 구원을 영원까지 보장하신다는 것은 서로 떼려야 뗄 수 없는 사실이다. 한 영혼이 대적들에 둘러싸여 비록 당장은 거룩하고 간절한 소망을 가질 수 없지만, 이전에 경험한 하나님의 은혜를 기억하며 참된 위로를 얻을 수 있다. 하늘과 땅이 요동하거나 지옥과도 같은 공포가 엄습한다 할지라도, 심지어 우리가 죽음의 골짜기를 지나가고 있다 할지라도 우리는 여전히 하나님의 소유로 남아 있는 것이다. 프란시스 스파이라를 위로하려는 사람들이 그토록 그의 지난 삶을 가리키며 스파이라의 믿음과 회심을 증거하려 했던 이유가 바로 여기에 있다. 그들은 이렇게 함으로써 스파이라의 당시 모습뿐 아니라 그 이후의 모습에 대해서도 올바른 판단을 내릴 수 있었고, 그들 스스로도 위로를 얻을 수 있었던 것이다.

독일 신학자 요한네스 보허르만(Johannes Bogerman)이 오렌지공 모리스와 주고 받은 서신을 살펴보면 고난에 둘러싸인 한 목회자가 어떻게 회복되는지 잘 묘사되어 있다. 어떤 사람이 그 목회자에게 목회 초창기에 하나님의 은혜로 말미암아 영혼의 위로와 기쁨을 얼마나 자주 경험했는지 기억하느냐고 물었다. 그리고는 이렇게 말했다. "그렇다면 그 경험을 기억하며 앞으로 잠잠히 나가십시오. 지금 겪는 것은 곧 걷히게 될 먹구름일 뿐입니다. 잠시 연단 가운데 계신 것이죠. 하나님께서는 자신이 행하신 일을 결코 후회하는 법이 없으시기에 간절히 바라면서 기다린다면 다시금 하나님의 은혜를 누리게 될 것입니다." 그리고 실제로 그렇게 되었다. 특별히 고난의 때에 이전의 상태를 떠올리는 것은 그가 처한 상황에서 위로를 주게 마련이다. 그렇기에 아삽은 시편 77:5에서 "내가 옛날, 곧 지나간 세월을 생각하였사오며."이렇게 고백했다.

이제 여러분도 성도의 견인이라는 교리가 참된 진리이며 우리에게 큰 위로가 되는 가르침이라는 것을 알 수 있을 것이다. 그렇기 때문에 마귀는 기회가 있을 때마다 이단교리와 거짓 영들을 부추겨 성도의 견인 교리를 극렬하게 공격한다. 하나님의 은혜 교리도 마찬가지이다. 자연인은 전적으로 타락한 존재이기 때문에 스스로 그 어떤 진리나 선에 다가설 수 없다 (참조. 롬 7:17; 8:7; 고후 3:5; 엡 2:1-2).

진리나 선에 이르는 것은 하나님의 은혜를 통해서만 가능하므로, 이를 향한 마음의 동요나 충동, 바램, 시도 등은 하나님의 은혜가 그 영혼 가운데 일하기 시작하셨다는 증거가 된다. 모든 움직임은 그

움직임을 가능케 하는 원인이 있음을 암시하듯 우리 안에 일기 시작한 이 모든 역사에도 하나님의 은혜라는 원인이 있는 것이다. 어떤 이들은 이 견해에 반대한다. 그들은 스스로의 의지나 능력을 통해 이 일들을 이룰 수 있다고 말하거나 하나님의 은혜로 말미암아 시작된 일들을 완전히 상실할 수도 있다고 주장한다. 그래서 하나님의 은혜를 드러낼만한 아무런 증거가 없다거나, 그 은혜가 우리 안에서 언제까지나 거하는 것은 아니라고 주장하기도 한다. 그러나 이러한 견해는 성경에 기록된 증거와 교회가 그 동안 가르쳐 온 교리들, 그리고 우리가 참 위로를 얻는 진리의 토대와는 전혀 상반되는 내용이다.

중세 스콜라 신학자인 프랑스 생푸르생의 뒤랑(Durandus of Saint-Pourcain)은 인간 스스로가 자신의 죄 값을 충분히 치를 수 있는지에 관해 글을 썼다.

"신실한 믿음을 소유한 사람은 자신이 아무것도 할 수 없는 존재임을 고백하며 모든 일이 하나님으로부터 말미암았음을 인정해야 합니다. 시편 기자처럼 '하나님께서 나를 기뻐하시기에 나를 구원하셨도다' 는 고백을 드리고, 사도 바울처럼 '원하는 자로 말미암음도 아니요, 달음박질하는 자로 말미암음도 아니요, 오직 긍휼히 여기시는 하나님으로 말미암음이니라' 라고 그 분을 인정해야 하는 것입니다. 혹은 이런 기도를 드려야 합니다. '사랑하는 예수님! 당신의 은혜가 나를 깨닫게 하지 않는다면 저는 선한 일을 하려는 생각조차 품지 못할 것입니다. 나를 깨우쳐 주시고, 선한 일을 하도록 불러주시고, 잘했다 칭찬해 주시고, 그것을 끝까지 이룰 수 있도록 힘과 의지를 주십시오.'"

SPIRITUAL
Depression & Recovery

7장 영적 시험의 본질에서
발견되는 위로

십자가 없는 삶을 사는 그리스도인은 아무도 없다.

chapter 7

영적 시험이라는 가장 중요한 주제를 다루면서, 우리가 분명하게 짚고 넘어가야 할 것은 이 세상의 모든 사람은 십자가를 져야 한다는 사실이다. 모두가 저마다의 십자가를 지게 되며, 십자가 없는 삶을 사는 그리스도인은 아무도 없다. 독일 속담에도 "모든 집안엔 저마다의 문제가 있다"라는 말이 있다. 그러므로 만일 하나님께서 여러분에게 십자가를 주시기로 작정하셨다면, 여러분은 미가 선지자처럼 그 앞에 엎드려 주님을 높이고 그 십자가를 받아들이며, 개인적인 욕망 등의 다른 것을 따라서는 안 된다. 또한 우리는 죄에 대하여, 그리고 죄를 이겨내도록 도와주는 것에 대하여 부담감을 느낄 필요가 있다는 사실에 주목해야 한다. 그 누구도 이러한 부담감에서 자유로울 수 없기 때문이다. 아무리 경건한 사람도, 심지어 예수님조차도 이 부담감에서 자유롭지 못했다.

아버지께서 주신 잔을 내가 마시지 아니하겠느냐 (요 18:11)

누구든지 나를 따라오려거든 자기를 부인하고 자기 십자가

를 지고 나를 따를 것이니라 (마 16:24)

　다음으로 언급할 사항은, 여러분이 겪는 시련이 너무도 크고 무거워 마치 버림받은 것처럼 느껴진다 할지라도, 하나님께서 결코 완전히 버리시지 않는다는 사실이다. 은혜를 모두 거두어 가신 것이 아니라, 단지 우리가 그 은혜를 잠시 느끼지 못하도록 하시는 것뿐이다. 물론 여러분이 원하는 만큼 그 은혜를 느끼지 못할 수도 있다. 그러나 여러분은 느낌보다 더 확실한 보증을 지니고 있는데, 그 느낌이 조금 사그라지는 것이 그리 큰 문제가 될까? 잠시 그 분의 은혜를 느끼지 못하는 경우가 생기는 것은 사실이나, 여러분은 결코 하나님으로부터 끊어지는 것이 아니다. 마치 여러분이 몸속에 있는 심장과 위를 느끼지는 못하고 있음에도 여전히 몸에 지니고 있는 것과 같은 이치이다.

　우리의 느낌이 흔들리거나 약해지거나 억눌릴 수 없다고 생각하는가? 시련을 받을 만큼 잘못한 적이 없다고 생각하는가? 그렇다면 느낌이라는 것이 죄 앞에서 얼마나 쉽게 사그라지는지 생각해보라. 그리고 그리스도를 떠올려보라. 그런 수난을 당하실 아무런 이유가 없었음에도, 바로 우리 때문에 하나님의 은혜가 가리어지고 억눌린 경험을 하신 것이다.

　여러분이 겪는 시련이 단지 그 은혜를 느끼는 문제에 불과한 반면, 여러분은 여전히 구원과 관련된 아주 중요한 것들을 가지고 있는데도 전혀 흡족해하지 않고 위로를 받지 못하겠는가? 하나님께서 여러분에게 더 중요한 것들을 많이 남겨두셨음에도, 덜 중요한 것을 잠시 느끼지 못한다고 불평하겠는가? 하나님께서는 여러분을 완전히 떠나실 수 없을 뿐 아니라, 그렇게 하지도 않으실 것이라는 사실은 우리가 은혜 가운데 거할 때 발견할 수 있는 특징을 통해 알아보았다. 프랑스의 칼빈주의 신학자 필리프 드 모르네(Phillipe de Mornay)는 교회에 관해 언급하며 이렇게 말한 적이 있다. "과연 어느 누가 자신의 영혼이 주 하나님께 닿아 있음을 눈으로 확인하며 살아갈 수 있을까!" 늘 그럴 수 없다는 것은 이미 충분히 입증된 사실이다. 하나님께서는 결코 여러분을 완전히 떠나지 않으신다. 그럼에도 때때로 그렇게 보이는 것은 하나님께서 잠시 동안 자신의 얼굴을 가리시고 여러분이 그의 자비를 느끼지 못하기 때문이다. 그렇다. 우리 주님께서는 결코 자신의 사랑하는 자녀들을 버리지 않으시고, 영원토록 우리의 구원을 보장해 주신다.

"주님의 말씀에 귀 기울여보자. 내가 넘치는 진노로 내 얼굴을 네게서 잠시 가렸으나 영원한 자비로 너를 긍휼히 여기리라, 네 구속자 여호와께서 말씀하셨느니라. 이는 내게 노아의 홍수와 같도다. 내가 다시는 노아의 홍수로 땅 위에 범람하지 못하게 하리라 맹세한 것 같이 내가 네게 노하지 아니하며 너를 책망하지 아니하기로 맹세하였노니, 산들이 떠나며 언덕은 옮겨질지라도 나의 자비는 네게서 떠나지 아니하며, 나의 화평의 언약은 흔들리지 아니하리라, 너를 긍휼히 여기시는 여호와께서 말씀하셨느니라"(사 54:8-10; 참조. 시 2:4; 118:18; 렘 46:28; 애 3:33).

세 번째로 짚고 넘어갈 문제는 이러한 시련이 오직 하나님의 자녀들에게만 찾아온다는 것이다. 다른 일반적인 문제들은 의로운 사람과 그렇지 않은 사람 모두에게 일어난다. 그러나 십자가 고난은 오로지 하나님의 사랑하는 신자들에게만 주어진다. 다른 사람들은 십자가를 진다는 것이 무엇인지 모른 채 살아간다. 그러므로 누군가의 영적 상태를 판단할 때 누구나 겪을 수 있는 일반적인 문제를 가지고 판단해서는 안 되며, 하나님의 자녀만이 겪게 되는 영적 침체를 기준으로 해야 하는 것이다. 죄를 범하지 않고서는 징계나 훈계를 받지 않는다. 이러한 훈계 없이 하나님의 자녀가 될 수 있는 사람은 아무도 없으며, 하나님의 자녀가 아니고서는 이렇듯 매로 훈계를 받지 않는다. 그렇기 때문에 일반적인 문제를 겪는 사람의 경우 관점을 사람에서 문제로 옮겨 가며 판단할 수 있지만, 십자가 고난을 겪는 사람의 경우 그의 문제에서 사람으로 관점을 옮겨 판단해야 한다. 어떤 사람이 십자가 고난을 겪고 있을 때 그의 영적 상태가 건강하다고 평가하는 이유가 바로 여기에 있다.

네 번째로, 하나님의 자녀들은 모두 이러한 고난을 겪게 된다. 고난이 어느 한 사람에게만 찾아오는 것이 아니라, 모두가 고난을 겪는 것이다. 물론 어떤 이는 조금 덜한 고난을 겪는 반면, 다른 이는 이보다 심한 고난에 처하기도 한다. 그러나 한 영혼을 구원하기 위한 경우를 제외하고는 이러한 고난이 아무에게나 허락되는 것이 아니기에 더 큰 고난을 감당할수록 더 큰 구원의 열매를 거둘 수 있는 것이 사실이다. 여러분보다 훨씬 훌륭히 경건의 삶을 살았던 사람들을 생각해보라. 또한 예수 그리스도를 생각해보라. 그 분께서 이러한 시험을 어떻게 감당하셨고 버림받음을 경험하셨는지, 하나님의 아들인 그리스도께서 어떤 고초를 겪으셨는지 떠올려 보라. 그 분께서 친히 그 모든 것을 겪으셨다. 그런데도 여러분은 이러한 고난을 회피하고 싶은가? 물론 아닐 것이다. 이를 통해 축복의 자리로 나간다는 것을 알고 있기 때문이다.

어거스틴은 이를 이렇게 표현했다. "가장 높은 치료자께서 친히 쓴 잔을 마심으로써 병든 자들이 주저하지 않고 그 잔을 따라 마시도록 본을 보이셨습니다." 그리스도께서 겪으신 시련에 대해서는 앞에서 이미 언급하였다. 히브리서 기자가 "모든 일에 우리와 똑같이 시험을 받으신 이로되 죄는 없으시니"라고 말한 것은 바로 예수 그리스도를 염두에 둔 것이다. 그러므로 누구든지 그리스도 안에서 신앙의 삶을 살고자 하는 사람은 그러한 반대를 각오해야 한다. 제롬은 우리에게 묻는다. "성도들 중 어느 누가 아무런 싸움 없이 면류관을 얻었단 말입니까?" 토마스 아 켐피스는 "거룩한 삶을 살았던 이들 중 하나님의 은혜를 잃어버린 경험을 하지 않았던 사람은 아무도 없습니다." 라고 말한다. 독일의 자유주의 신학자 오토 카스만(Otto Casmann)조차도 "죽기 전, 혹은 죽으면서라도 이러한 싸움을 통해 훈련 받지 않은 사람은 구원받을 수 없습니다." 라고 설명한다.

성경에 기록된 인물들도 예외는 아니었다. 욥기 6, 7장에 기록된 욥의 고백에 귀 기울여 보라. 그리고 시편 13, 31, 38, 39, 42편에 기록된 다윗의 고백과, 77편의 아삽의 고백, 88편의 헤만의 고백도 읽어 보라.

하나님의 사람 마틴 루터. 하나님의 능력을 힘입고, 하나님의 교회를 개혁하는 일에 그렇게 날마다 쓰임 받았음에도, 그는 자신의 영혼이 버림받은 것과 같은 경험을 하곤 했다. 루터 자신 뿐 아니라 그의 동료들도 잘 알고 있었다. 1527년 자신의 만성질환과 흑사병 등으로 고통 속에 있는 루터를 카스만은 이렇게 표현했다. "그 해, 거룩한 삶을 살던 루터에게 극심한 시련이 닥쳤는데, 이로 인해 그의 육신은 드러누울 수밖에 없었고 영혼은 무기력에 빠졌습니다. 나중에 루터가 고백하기를, 다시 그 고통을 당하느니 차라리 지하 감옥에 평생 갇혀 사는 것이 낫다고 할 정도였죠." 다른 이들도 삶을 마감하기 직전 이와 비슷한 고통을 겪은 순교자들을 열거할 수 있을 것이다. 그리고는 그들의 고통 속에서 엿볼 수 있는 선한 목적으로 인해 "이러한 사실은 여러분이 하나님 나라를 향해 나아가고 있고 그 목적지가 가까워 오고 있을 때, 큰 시험을 당하게 된다는 것을 분명히 말해 줍니다. 앞으로 더 나갈수록, 그 시험은 더 커지게 마련이죠. 왜냐하면 하나님께서는 그의 나라라는 큰 선물을 결코 아무런 시험 없이 주시지 않으시기 때문입니다."라고 고백하게 된다.

영국 종교개혁 시기에 최초로 순교 당한 토마스 빌니(Thomas Bilney)는 화형대에 오르기 전날 밤, 그 뜨거운 고통을 견딜 수 있는지 알고 싶어서 손가락 하나를 촛불에 넣어 보기까지 했다. 진리를 부정한 이후 찾아온 시련과 슬픔으로 인해 영적 침체를 겪게 되었고, 그 어떤 것도 그를 위로 할 수 없었으며, 마치 모든 것이 그를 대적하는 것처럼 느껴졌다. 배교한 것이 1529년이고 다시 진리를 받아들이고 순교 당한 것이 1531년 이었으니 일 년 넘게 영적 침체 속에서 산 것이었다.

빌니가 종교개혁의 지도자로 활발하게 활동할 때, 그에게 크게 감명을 받아 로마 가톨릭을 버리고 진리로 돌아온 휴 라티머(Hugh Latimer)는 빌니의 사후 에드워드 6세(Edward VI) 앞에서 빌니에 관한 설교를 다음과 같이 하게 된다.

"저는 하나님의 축복을 누렸던 순교자 한 명을 알고 있습니다. 그의 이름은 빌니이죠. 하나님의 은혜를 느끼지 못하게 되어 큰 갈등 속에 있을 때 동료들은 그가 혼자 있는 것을 걱정하였습니다. 빌니 곁에서 밤낮으로 위로하고자 애썼지만 소용없었습니다. 그의 마음이 너무 둔감해져 주변에서 들려주는 위로의 성경 말씀이 뿌리 내리지 못했습니다. 빌니의 심령은 마치 칼로 갈기갈기 찢겨진 것과 같았지요. 그러나 결국 빌니는 깨달음을 얻고 로마의 학정에 맞서 자신의 순교를 인내로 감당해냈습니다."

다른 설교를 통해서는 이렇게 말했다.

"빌니의 동료들이 그에게 다시 돌아오도록 권유했을 때, 그는 이 문제를 놓고 일 년을 씨름했습니다. 큰 갈등 속에서 그 어느 것도 자신을 돌이킬 수 없음에 두려워했죠. 어떤 음식도, 어떤 마실 것도, 심지어 하나님의 말씀조차도 자신의 반대편에 서서 자신을 정죄하기만 한다고 생각했습니다. 빌니를 자주 방문하며 그를 위로하고자 이런저런 시도를 해봤지만, 빌니는 이 모든 것들을 자신을 대적하는 것이라고만 여겼습니다. 하지만, 시간이 지나자 다시금 모든 것이 선을 이루게 되었습니다. 하나님께서 빌니에게 강하고 견고한 믿음을 허락하셨고, 빌니는 예수 그리스도의 복음을 담대히 전할 뿐 아니라, 그 복음으로 인해 자신의 몸이 불에 타는 것도 마다하지 않게 되었습니다. 우리도 지금 바로 그 복음을 전하고 있는 것입니다."

영국의 귀족 출신으로 1555년 순교를 당한 로버트 글로버도 하나님의 자녀로서 고난을 겪은 사람 중 하나이다. 존 팍스는 글로버를 설명하기 위해 그의 동료였던 어거스틴 버너(Augustine Bernher)의 설교를 일부 인용하였다.

"주교에게 사형을 선고 받고 세상을 떠나기 이삼 일전, 글로버의 영혼은 마비라도 된 마냥 아무런 위로를 느낄 수 없었습니다. 뭔가를 할 수도 없고, 하고 싶지도 않았던 글로버는 큰 부담과 체념으로 아무런 위로를 얻지 못한 채 곧 다가올 순교의 십자가를 기다릴 뿐이었습니다. 글로버는 하나님의 위로가 더 이상 자신에게 허락되지 않음에 두려움을 느끼며, 친구 어거스틴에게 자신이 하나님께 밤낮으로 기도 드렸음에도 하나님의 위로를 전혀 느낄 수 없음을 고백했습니다. 어거스틴의 답변은 이러했습니다. '조금만 더 참고 하나님의 뜻을 기다려보게나. 비록 자네가 지금 어려움 가운데 있지만, 그 모든 환경이 자네에게 선하고 유익하다는 것을 볼 수 있었으면 하네. 주님께서 그 분의 적당한 때에 자네를 찾아오실 것이라는 사실을 의심하지 말고 견고하게 서야만 하네. 주님께서 큰 위로와 함께 오셔서 자네의 소원을 만족시켜 주실 걸세.' 어거스틴은 자리에서 일어나며 부탁하기를 심령가운데 하나님의 위로가 찾아오심을 느끼면 곧바로 어떤 표시를 해서 증거를 남기도록 했습니다. 글로버는 밤새 위로를 간구하며 기도했으나 허사였습니다. 다음날, 순교 당할 시간이 코앞에 닥쳤습니다. 화형장으로 끌려가는 글로버. 그 길 위에서 자신이 매달릴 화형대가 보이기 시작할 무렵, 그는 갑자기 하나님의 위로가 심령 가운데 가득 차는 것을 느꼈습니다. 기쁨으로 가득 차 박수를 치며 친구 어거스틴을 향해 손짓합니다. '이보게 어거스틴! 그 분께서 오셨어, 그 분께서 나에게 찾아오셨어!' 큰 기쁨과 활기에 찬 모습으로 인해 누가 보면 곧 이 세상과 작별인사를 할 사람이 아니라 당장이라도 화형을 면하고 풀려날 사람으로 착각이 들 정도였습니다. 하나님의 도움의 손길이 글로버를 이렇게 변화시킨 것입니다."

로버트 글로버의 동생 존 글로버(John Glover) 역시 신실한 그리스도인이었다. 비록 순교를 당하진 않았지만 모든 종류의 영적 시험을 겪은 사람이다. 팍스는 그를 이렇게 설명한다.

"하나님께서는 자신의 선한 뜻으로 말미암아 존 글로버에게 내적인 갈등과 극심한 고통을 허락하셨습니다. 비록 그의 형이나 다른 순교자들처럼 불꽃 속에서 몸을 불사르진 않았지만, 그가 오랫동안 겪은 영혼과 내면의 갈등을 살펴보면 형과 같은 순교자나 다름없음을 알게 될 것입니다. 그도 형처럼 순교자가 되기를 간절히 바랬습니다. 사실 그는 순교자 이상의 순교자로 불려도 손색이 없을 것입니다. 맹렬한 불길 속에서 순교 당하는 형의 모습을 지켜보는 동생의 고통스런 심정은 그 어떤 말로도 표현할 수 없으니 말이죠. 마치 지옥에서 뿜어져 나오는 뜨거운 열기에 자신의 영혼이 타 들어가는 듯한 심정이었을 것입니다.

그가 어렸을 때 한두 번 만난 적이 있습니다. 그와 함께 시간을 보내며 보고 들었던 것으로 짐작컨대 그는 지난 5년간 영적으로 크게 침체되어 아무런 기쁨이나 즐거움이 없는 삶을 살고 있었습니다. 그렇기에 그리스도께서 그 안에서 이루신 일들이 더욱더 놀랍기만 합니다. 그때나 지금이나, 그리스도께서 그 비천하고 불쌍한 종의 생명을 밝혀주지 않으시고 당신의 위로를 통해 만족을 주지 않으셨다면, 그는 참기 힘든 고통과 괴로움을 견뎌내지 못했을 것입니다. 사실 지금 그가 처해 있는 상황은 어떤 부담스러운 일로 인해서 생겨난 것이 아닙니다. 물론 우리는 거룩한 성도들이 더욱더 경건하게 살려고 노력하고, 하나님을 보다 경외하는 것에 초점을 맞추며, 자신을 덜 신뢰하려고 애쓰는 모습을 자주 발견할 수 있습니다. 그러면서도 다른 사람들은 전혀 요동치 않는 아주 작은 일을 마치 거대한 산처럼 여겨 종종 두려움에 떨기도 하죠. 여하튼 지금 그의 영적인 상태는 그가 성령의 깨닫게 하는 역사로 말미암아 복음의 진리를 알게 되고 그리스도의 하늘나라에서 산다는 것이 무엇인지 경험한 이후에도 계속해서 자신의 예전 삶의 어떤 것에 의지한다는 사실에서 기인합니다.

이러한 실수로 존 글로버는 자신을 신뢰하지 못하게 되었고, 히브리서 6장의 선언이 마치 자신을 향한 질타인 듯 느끼게 되었습니다. "한 번 빛을 받고 하늘의 은사를 맛보고 성령에 참여한 바 되고 하나님의 선한 말씀과 내세의 능력을 맛보고도 타락한 자들은 다시 새롭게 하여 회개하게 할 수 없나니 이는 그들이 하나님의 아들을 다시 십자가에 못 박아 드러내 놓고 욕되게 함이라"(히 6:4-6). 이 말씀으로 인해 글로버는 마치 자신이 성령을 거스른 죄인이라는 생각을 하게 되었고, 구원받았다는 사실도 의심하지 않을 수 없었습니다. 지옥 깊은 곳에 버려졌다는 생각이 그의 뇌리 깊은 곳에 자리 잡은 것이지요. 대부분의 경건한 사람들은 자신의 영혼이 겪고 있는 공포나 두려움, 격변이 무엇인지 정확히 알 수 있습니다. 그러나 직접 겪어보지 않았다면 정확한 판단을 하기가 쉽지 않죠. 그렇기에 존 글로버와 다른 순교자들의 고통을 비교해보면서 이렇게 묻고 싶습니다. 만일 글로버가 약간의 음식을 먹고 원기회복만을 바랬던 사람이었다면, 그가 겪고 싶지 않았던 고통과 형벌, 격정은 무엇이었을까요? 그는 참을 수 없는 영혼의 고통 때문인지 아무런 식욕이 없었습니다. 아니 어떤 식욕도 가질 수가 없었죠. 그런데도 글로버는 이런 자신의 의지를 이겨가며 음식을 먹으려 했습니다. 자신의 영혼이 육체를 떠나는 순간 바로 지옥불로 던져질 것 같았기에 어떻게든 자신의 수명을 연장시키고 싶었기 때문입니다. 물론 글로버는 자신을 향한 그리스도의 자비를 깨닫고는 있었습니다. 그러나 히브리서 6장에 기록된 "할 수 없나니"라는 구절로 인해 그리스도께서 자신을 돕지 못할 것이라고 여겼던 것입니다.

제가 이런 말을 하는 것은 그의 고통과 상처를 드러내려는 것이 아니라, 글로버의 경우를 교훈 삼아, 우리가 감당할 수 없는 시험을 주시지 않는 하나님의 아들을 찬양하려는 것입니다. 예수님께서는 우리를 향한 사탄의 공격을 누그러뜨리셔서 우리가 감당할 수 있는 수준으로 낮추기도 하시고, 악을 선으로 바꾸셔서 우리가 상상할 수 없는 것으로 채워주시기도 하십니다. 하나님의 신실한 종 글로버처럼 분명하게 이런 경험을 한 사람은 없을 것입니다. 이미 말씀 드렸듯이, 그는 수년 동안 사탄이 가져다 준 모진풍파를 온몸으로 맞서야 했습니다. 그러나 결국에는, 무수한 시련 가운데도 언제나 그를 은혜로 지켜주셨던 주님께서 그를 절망에서 건져주셨을 뿐 아니라, 죄에 대해 죽는 드문 은혜를 경험하게도 하셨습니다. 마치 이미 이 세상에서 떠나 하늘나라에 거하게 된 사람처럼 죄에 대한 혐오감을 갖게 되었고, 완전한 하늘나라의 삶을 산 사람으로 인정받기에 이르렀죠.

글로버는 결코 무익하거나 의미 없는 말을 하지 않았으며, 그의 삶의 열매들은 그가 매사에 어떤 동기를 가지고 행동했는지 잘 보여 줍니다. 자신의 형제들에게 토지의 대부분을 주었으며, 나머지는 하인이 직접 관리하게 함으로써, 글로버는 자신의 삶을 조용히 성경 연구에만 몰두하며 참 안식을 누릴 수 있었습니다."

1556년 순교한 토마스 위트(Thomas Witte)도 한때 수많은 위협 앞에서 진리를 부정하고 배교했던 사람 중의 하나이다. 그 직후, 위트는 자신의 내면에서 무슨 일이 일어나게 되었는지 고백했다.

"내가 그리스도를 버리겠다고 결정한 그날 밤, 나는 마음에 깊은 근심을 느꼈고 양심이 요동쳐 잠을 전혀 이룰 수 없었습니다. 나의 육신을 속박하던 사슬로부터 벗어나게 되어 잠시 자유를 느꼈으나, 이제 더 이상 그 어떤 기쁨도 어떤 즐거움도 느껴지지 않습니다. 이제 내가 성령 하나님과 그 분의 말씀을 통해 깨닫게 된 것은, 내가 악마의 꾐에 빠져 죄를 범하게 되었고 이로 인해 내 양심의 고통이 하루가 지날수록 무거워지고 있다는 것입니다. 지금껏 받아온 핍박에 이어, 이제는 내 마음까지 너무도 불안하여 서있기 힘들 정도 입니다."

간수의 충고로 위트는 합스필드 박사(Dr. Harpsfield)와 면회를 갖게 되었다. 자신의 배교 서명이 담긴 문서를 가져온 합스필드에게 위트는 이렇게 말했다.

"서명을 했다고 만족스럽기는커녕 제 양심이 하나님의 의로운 심판과 말씀 앞에서 찔리기만 할 뿐이었습니다. 사탄이 저를 집어삼키고자 기다리고 있는 것만 같습니다. 합스필드 박사님, 제가 서명한 문서를 돌려주십시오. 제 이름을 지우고 싶습니다."

그리고는 이렇게 고백했다.

"합스필드 박사는 제 이름을 지울 수 있는 기회를 주었습니다. 이 결과로 저는 곧 죽음을 맞이하게 되겠지만 그저 기쁠 따름입니다. 하나님의 섭리와 은혜를 다시 한 번 경험하는 계기가 되었으니 말이죠. 하나님께서 그의 자녀들을 시험하시고 때로는 넘어지게도 하시지만, 결코 그들을 버리시지는 않는다는 것이 확실해졌습니다. 시험을 받는 가운데 제가 행한 일들이 과연 무엇인지 깨닫게 하시고는 다시금 구원하셨습니다. 악마이든 잔인한 독재자이든, 그 누구도 그의 품에서 단 한 마리의 양도 빼앗을 수 없습니다. 그 분의 이름은 영원토록 찬양 받으실 것입니다. 아멘!"

경건한 여성으로 잘 알려진 캐서린 브렛버그는 임종을 맞이하며 극심한 영적 침체를 경험하였다. 그녀의 삶과 죽음은 다른 이들에 의해 사뭇 다른 모습으로 묘사되기도 하지만 볼튼에 의해 구체적으로 언급된다. 그녀는 종종 자신의 내면이 비통으로 가득 찬 황량한 광야와 같다는 생각을 했고, 자신의 죄로 인해 악마의 먹이 감이 되어 버릴 것만 같은 두려움을 느꼈다. 차라리 태어나지 않았으면, 혹은 차라리 짐승으로 태어났으면 좋았을 것이라고 생각했다.

캐서린은 눈물을 흘리며 탄식하는 모습이 잦았다. "슬프고 슬프도다! 불쌍하고, 비참하고, 악하고, 버림받은 여인이여!" 그러나 이 모든 시험으로부터 구원받은 이후, 그녀는 다시금 그리스도께 돌아와 그분과의 교제를 즐거워하게 된다. 승리의 확신에 찬 캐서린은 그녀의 사랑하는 구주께 이런 고백을 드린다. "주 예수님, 저를 위해 중보 해주시는 분, 바로 당신이시지요? 복되고 선한 구세주여, 아무런 값없이 주신 당신의 은혜가 얼마나 놀랍고 놀라운지요! 주님의 사랑은 이루 말할 수 없습니다! 주님께선 형용할 수 없는 은혜로 저를 대하셨습니다! 나의 주, 나의 하나님!"

영국의 윌리엄 피콕은 자신의 임종 직전에 지난날 저질렀던 죄악들을 돌이켜 보았다. 다른 사람에 비하면 그리 크거나 많은 죄가 아니었음에도 그는 자신의 죄로 인해 울부짖기 시작했다. "나의 죄악으로 인해 내 양심이 마치 지옥에 떨어진 것 같습니다. 나는 악한 존재이고 심령은 참담할 뿐입니다. 내가 얼마나 참담하고 애통한 존재인지! 내 죄악에 대한 부담감이 나를 짓눌러 내 심장이 곧 터질 것만 같습니다. 내 처지가 얼마나 비참하고 고통스러운지, 마치 지옥문을 지키는 개에게 공격을 당하는 것 같습니다." 주변에서 그의 임종을 지켜보는 사람들이 기도하지 않겠냐고 물었다. "나는 할 수 없습니다." 그리고는 그를 위해 기도해주겠다는 주변의 권유를 이렇게 거절했다. "이미 정죄 받은 자를 향해 주님의 이름을 헛되이 사용하지 마십시오." 그러나 그를 둘러싼 시련의 구름이 걷히자 피콕은 계속해서 이렇게 고백하였다. "시련과 양심의 찔림으로 인해 제 마음과 영혼이 큰 상처를 입게 되었습니다. 그러나 이제 내가 하나님께 감사드릴 수 있는 것은 그러한 고통이 크게 줄어 더 이상 정죄 받은 사람으로 낙인찍히지 않아도 된다는 것입니다." 그 후 시련이 거의 사라지자 이렇게 말하였다. "이제 내가 위로를 느낄 수 있음에 하나님께 감사를 드립니다. 이것을 뭐라 설명해야 할까요?" 주변에서 "선한 싸움 아니겠습니까?"라고 말하자, 이렇게 답하였다. "내가 이 세상의 모든 재물보다 몇 백 갑절을 더 소유한다 하더라도 지금 제가 받은 축복을 모두 되갚을 수 없기에 그 말로는 턱없이 부족합니다. 바다에 물이 가득하다 한들, 혹은 태양이 빛으로 가득하다 한들, 어찌 우리 주님의 은혜에 비할 수 있겠습니까."

오렌지공 모리스의 임종이 가까워졌을 때, 요한네스 보허르만은 모리스를 위로하고자 두 가지 일화를 들려주었다. 첫 번째 일화는 오랜 시간 간절히 바래왔음에도 하나님의 은혜를 확신하지 못했던 한 목회자의 이야기였고, 두 번째는 마음 문이 닫히고 굳어져서 더 이상 예전처럼 자신의 죄를 깊이 후회하지 못하는 것을 불평했던 한 사람에 관한 일화였다. 보허르만은 이 두 사람 모두 결국에는 선을 이루게 되었고 마지막에는 위로와 축복을 얻었다고 말했다.

폴란드의 인문주의자이자 신학자였던 안제히 프리츠 모드제프스키(Andrej Frycz Modrzewski)는 폴란드의 산도미에쉬에서 온 존 살레시오(John Salesius)를 이렇게 묘사했다. 병상에서 살레시오는 양심이 두려움에 휩싸이는 경험을 했고, 사도 바울이 말한 능력을 체험하지 못해 자주 불평했다.

> 무릇 하나님의 영으로 인도함을 받는 사람은 곧 하나님의
> 아들이라 (롬 8:14)

살레시오의 생각에 하나님의 자녀는 성령에 의해 인도함을 받아야 하기 때문에, 이러한 인도함이 없다면 하나님의 자녀가 될 수 없는 것이었다. 이렇게 두 어깨가 들썩일 정도로 한숨지으며 불평하곤 했기에, 누구나 그가 얼마나 큰 영적 침체 가운데 있는지 알아볼 수 있을 정도였다.

지금까지 영적 침체를 경험한 사람들의 삶을 살펴보았다. 이들의 삶을 주의 깊게 들여다보면, 그들의 경험은 매우 특별한 것이 아니었고, 우리의 영혼도 매일의 삶 가운데서 흔히 겪을 수 있는 문제들이었다. 경험해본 사람이라면 이해가 더욱 쉬울 것이다. 자기와 같은 질병을 겪고 있는 사람들에게 보다 큰 관심이 쏠리듯, 비슷한 경험을 했던 사람들에 대해 생각하고 나누는 것은 큰 기쁨과 유익이 되기 마련이다.

지금까지 언급한 내용을 통해 우리는 다음과 같은 문제에 대한 해답을 얻을 수 있다. (1)영적 침체라는 시련은 하나님의 자녀라면 누구나 경험하게 되는 매우 일반적인 현상이며 거룩한 사람도 예외가 될 수 없다는 사실과, (2)하나님께서 왜, 그리고 어떤 선한 목적으로 그러한 영적 침체를 허락하시는지, (3)영적 침체의 마지막 단계에 이르러서는 어떻게 우리의 영혼이 항상 신뢰를 갈망하게 되고 구원을 받게 되는지 알 수 있다.

> 너희가 참음은 징계를 받기 위함이라 하나님이 아들과 같이 너희를 대우하시나니 어찌 아버지가 징계하지 않는 아들이 있으리요 징계는 다 받는 것이거늘 너희에게 없으면 사생자요 친아들이 아니니라 (히 12:7-8)

다섯 번째로, 영적 침체가 때때로 오래 지속되지 않는다는 사실은 우리 영혼이 시련 가운데 힘과 도움을 얻는 위로가 된다. 여러분을 향한 구원의 기쁨은 생각했던 것보다 가까이에 있다. 시편 기자는 이렇게 말한다.

> 그의 노염은 잠깐이요 그의 은총은 평생이로다 저녁에는
> 울음이 깃들일지라도 아침에는 기쁨이 오리로다 (시 30:5)

주님께서 직접 이사야 선지자에게 하신 말씀도 살펴보자. "'내가 잠시 너를 버렸으나 큰 긍휼로 너를 모을 것이요, 내가 넘치는 진노로 내 얼굴을 네게서 잠시 가렸으나 영원한 자비로 너를 긍휼히 여기리라,' 네 구속자 여호와께서 말씀하셨느니라"(54:7-8). "지극히 존귀하며 영원히 거하시며 거룩하다 이름하는 이가 이와 같이 말씀하시되, '내가 높고 거룩한 곳에 있으며 또한 통회하고 마음이 겸손한 자와 함께 있나니, 이는 겸손한 자의 영을 소생시키며 통회하는 자의 마음을 소생시키려 함이라'"(57:15-16). 아가서에서 신부는 "그들을 지나치자마자 마음에 사랑하는 자를 만나서"(3:4) 라고 말한다.

이와 마찬가지로 여러분에게도 잠시 잠깐 후면 오실 이가

오시리니 지체하지 아니하시리라 (히 10:37)

그리스도께서도 제자들에게 자신의 다시 오심을 언급하시며 "조금 있으면 너희가 나를 보지 못하겠고, 또 조금 있으면 나를 보리라"(요 16:16) 고 말씀하셨다.

4세기 이집트 알렉산드리아 지역의 대주교였던 아타나시우스 (Athanasius)는 큰 박해에 직면하여 "형제들이여, 그것은 곧 걷힐 작은 구름 조각에 불과합니다."하는 말을 남겼다.

마지막으로, 영적 침체는 때로 우리에게 유용하고 도움이 될 수 있다. 앞서 언급했듯이 구원을 이루는 도구가 되기도 하기 때문이다. 그래서 그리스도께서는 "내가 떠나는 것이 너희에게 유익이라고 말씀하신 것이다"(요 16:7). 이런 이유로 야고보도 이렇게 기록하고 있다.

> 내 형제들아 너희가 여러 가지 시험을 당하거든 온전히 기
> 쁘게 여기라 이는 너희 믿음의 시련이 인내를 만들어 내는
> 줄 너희가 앎이라 (약 1:2-3)

보통 신실한 영혼이라 할지라도 구원과 관련하여 어떤 때는 평온한 마음을 유지하고, 어떤 때는 역경과 버림받음으로 인해 불안에 빠지기도 한다. 전자의 경우가 더 좋고 즐거워는 보이지만, 후자가

우리에게 보다 유익하고 구원의 확실한 증거를 주는 경우가 많다. 그래서 히브리서 기자는 그리스도에 관해, "그가 아들이면서도 받으신 고난으로 순종함을 배워서"(히 5:8) 라고 설명하고 있다.

로버트 볼튼은 "어떤 때는 진흙 구덩이 밑바닥에 앉아 내면의 기쁨과 위로가 사라진 것에 슬퍼하거나 지옥과 같은 깊은 구렁텅이에서 '나의 하나님, 나의 하나님, 어찌하여 나를 버리셨나이까?' 하며 탄식하는 것이 유익할 때도 있습니다. 매번 우리를 도와주는 천사의 손에 이끌려 아브라함의 품속에서 아무 생각 없이 평화만 외치는 것보다, 이것이 우리에게 훨씬 유익합니다"라고 말했다. 장 제르손은 이렇게 고백한다. "평온하기만 한 영혼보다는 피폐한 영혼이 더 나은 경우가 종종 있습니다." 그렇기에 우리는 고통을 통해 얻을 수 있는 온갖 열매에 주목하는 것이다. 우리도 히스기야 왕처럼 믿음의 고백을 할 수 있어야 한다. "당신 [이사야] 이 전한 바 여호와의 말씀이 선하니이다," 또한, "어찌 선하지 아니하리요?"(왕하 20:19). 사도 바울도 이것을 염두에 두고 로마교회에 편지했다.

> 하나님을 사랑하는 자 곧 그의 뜻대로 부르심을 입은 자들
> 에게는 모든 것이 합력하여 선을 이루느니라 (롬 8:28)

1569년 순교한 루이스 파스칼(Louis Paschal)은 이렇게 말한

적이 있다. "우리가 생명을 부지하기 위해 하루하루 빵을 먹어야 하는 것 이상으로, 우리의 믿음을 견고히 하고 영생의 소망을 간직하기 위해서는 값진 고난이 있어야만 합니다." 이러한 의미에서 유대교 랍비 감세(Rabbi Gamse)도 "고난 또한 최선입니다"라고 말했다. 정말 그렇다.

> 우리가 잠시 받는 환난의 경한 것이 지극히 크고 영원한 영
> 광의 중한 것을 우리에게 이루게 함이니 (고후 4:17)

진정으로 "눈물을 흘리며 씨를 뿌리는 자는 기쁨의 단"을 거두게 되고, "울며 씨를 뿌리러 나가는 자는 반드시 기쁨으로 그 곡식 단을 가지고" 돌아오게 되는 것이다 (시 126:5-6).

SPIRITUAL
Depression & Recovery

8장 시련 속에서 주어지는
하나님의 위로

하나님께서 시련가운데 그 시련을 겪는 자들에게 나타나신다는 것이다.

chapter 8

우리가 영적 침체 가운데 있을 때에 우리에게 위로를 주는 두 번째 사실은 하나님께서 시련가운데 그 시련을 겪는 자들에게 나타나신다는 것이다.

카파도키아 출신으로 니사의 주교를 역임했던 그레고리우스는 이런 말을 남겼다. "위로는 우리의 처지를 고려하여 주어지기도 하지만, 창조주의 의를 드러내려는 목적으로 주어지기도 합니다." 하나님의 입장에서 본다면, 위로는 그 분의 신성과 속성으로부터 주어지기도 하고, 삼위일체 하나님이라는 사실 자체에서 흘러나오기도 하는 것이다.

우리의 처한 상황 가운데서 주어지는 위로는 다윗이 그의 하나님 여호와를 힘입어 용기를 얻는 장면에서 볼 수 있다. 시글락의 주민들이 돌로 치려 하는 가운데 다윗은 하나님으로부터 위로를 찾았다 (삼상 30:6).

하나님께서 직접 약속의 말씀을 주시기도 하셨다.

너희를 위로하는 자는 나 곧 나이니라 너는 어떠한 자이기

에 죽을 사람을 두려워하며 풀 같이 될 사람의 아들을 두려
워하느냐 (사 51:12)

또한 "어머니가 자식을 위로함 같이 내가 너희를 위로할" 것이
라고 하셨다. 서머나 교회의 감독이었던 폴리캅(Saint Polycarp)은
고문을 받으러 끌려가는 아내에게 "주님을 생각하시오"라고 했다.

창조주의 의, 곧 하나님의 속성과 관련해서는, 여러분에게 주어
지는 모든 고난이 그 분의 뜻을 벗어나지 않으며, 그렇기 때문에 여러
분의 마음을 위로하기에 충분하다는 것을 기억하길 바란다. 나오미는
자신의 고통을 표현하며, "내 딸들아 그렇지 아니하니라. 여호와의 손
이 나를 치셨으므로, 나는 너희로 말미암아 더욱 마음이 아프도다 하
매"(룻 1:13) 라고 하였다. 엘리 또한 "이는 여호와시니 선하신대로 하
실 것이니라"라고 선포하였다(삼상 3:18). 다윗은 이르기를, "만일 내
가 여호와 앞에서 은혜를 입으면 도로 나를 인도하사 내게 그 궤와
그 계신 데를 보이시리라, 그러나 만일 이와 같이 말씀하시기를 내가
너를 기뻐하지 아니한다 하시면, 종이 여기 있사오니 선히 여기시는
대로 내게 행하시옵소서 하리라" (삼하 15:25-26) 라고 하였다.

욥은 "주신 이도 여호와시요, 거두신 이도 여호와시오니"라고
고백했다(욥 1:21). 그리스도께서도 "내 아버지여 만일 할만하시거든
이 잔을 내게서 지나가게 하옵소서. 그러나 나의 원대로 마옵시고 아

버지의 원대로 하옵소서"(마 26:39)라고 기도하셨다. 때로는 우리가 이런 불평을 할 수도 있다. "왜 우리를 이렇게 이리저리 방황하게 만드시는지요? 왜 우리 마음을 강퍅하게 하셔서 주님을 두려워하지도 않게 하시는지요?" 어거스틴은 우리에게 이렇게 대답한다. "우리가 하나님의 뜻을 따르지 않을 경우 우리 자신을 책망해야 하지, 하나님께서 뭔가를 하셔야 한다거나 우리에게 선하지 않은 것을 중단하셔야 한다고 생각해서는 안 되는 것입니다." 그러므로 우리는 폴리캅이 고문을 받으며 했던 고백을 기억할 필요가 있다. "하나님의 뜻이 이루어지이다."

다음으로, 고난은 하나님의 섭리를 드러낸다. 우리 영혼에 주어지는 시련은 하나님의 기뻐하시는 뜻과 지혜로운 통치(이것이 아니고서는 머리카락 하나도 땅에 떨어지지 않을 것이다)로 인한 것이다. 그러므로 하나님께서 여러분에게 이러한 시련을 허락하시고 시험으로 이끄신다는 것을 항상 기억하고, 욥과 같이 고백하기를 바란다.

우리가 하나님께 복을 받았은즉 화도 받지 아니하겠느냐

(욥 2:10)

진실로 하나님의 도성에는 하나님께서 다스리시지 않는 악이 없는 것이다. 우리는 예레미야와 같이 "혼자 앉아서 잠잠할 것은 주께서 그것을 그에게 메우셨음이라"라고 고백해야 한다 (애 3:28). 북 아프리카 카르타고 출신의 기독교 작가였던 터툴리안은 "누구에 의 해 고난이 시작되었는가? 그러나 그로 인해 다시금 왕관과 상급을 얻 게 된다는 것을 누가 상상이나 할 수 있겠는가"라고 말했다.

세 번째로, 고난은 하나님의 지혜를 드러낸다. 하나님께서는 고 난을 우리에게 보내실 뿐만 아니라, 그분의 지혜로 그것을 다스리시 고 조절하신다. 그렇기 때문에 우리의 마음은 위로를 얻을 수 있고, "주께서 경건한 자는 시험에서 건지실 줄 아시고"라고 생각할 수 있 다 (벧후 2:9). 시험과 함께 피할 길을 내사 우리가 능히 감당하게 하 시는 것이다. 교사가 학생에게 어떤 수준의 과제를 내어주어야 할지 정확하게 알 수 있는 것처럼, 의사가 환자에게 얼마만큼의 약을 주어 야 하는지 정확하게 알기에 환자가 의사로 인해 안심하게 되고 차분 하게 의사를 의지할 수 있는 것처럼, 우리는 하나님께서 보내신 시련 속에서 하나님의 지혜로운 손길을 생각하고 위로와 안식을 얻을 수 있다. 하나님께서 그분의 놀라운 지혜를 통하여 우리가 받는 고난과 두려움, 고통의 정도가 어떠해야 하는지 정확히 결정하시기 때문이 다. 욥의 이야기를 살펴보면, 하나님께서 먼저 사탄에게 "내가 그의 소유물을 다 네 손에 맡기노라"고 말씀하셨다. 이 일이 있은 후에 하 나님께서 당신의 종 욥을 보다 강건하게 하시고는 사탄에게 권한을 조금 더 주신다. "내가 그를 네 손에 맡기노라," 그러나 여전히 제한이 따른다. "다만 그의 생명은 해하지 말지니라"(욥 1:12; 2:6). 하나님께서는 당신의 종에게 허락하실 고통을 어떻게 조절해야 하는지 정확히 알고 계신다. 우리가 이해할 수 없는 지혜를 통해 우리에게 어떤 종류의 고난을 보내셔야 할지 정확하게 아시는 것처럼, 하나님께서는 그 시련을 어떻게 선한 목적으로 이끄실지 알고 계신 것이다.

네 번째로, 우리를 향한 고난은 하나님의 선하심과 자비하심을 드러낸다. 모세는 이러한 사실에서 위로를 발견하고는 이렇게 고백했다.

> 네 하나님 여호와는 자비하신 하나님이심이라 그가 너를 버리지 아니하시며 너를 멸하지 아니하시며 (신 4:31)

> 너희는 강하고 담대하라 두려워하지 말라 그들 앞에서 떨지 말라 이는 네 하나님 여호와 그가 너와 함께 가시며 결코 너를 떠나지 아니하시며 버리지 아니하실 것임이라 하고 (신 31:6)

예레미야도 고백했다.

> 여호와의 인자와 긍휼이 무궁하시므로 우리가 진멸되지 아

니함이니이다 이것들이 아침마다 새로우니 주의 성실하심
이 크시도소이다 그가 비록 근심하게 하시나 그의 풍부한
인자하심에 따라 긍휼이 여기실 것임이라 (애 3:22-23,
32)

이사야서에도 이렇게 기록되어 있다.

그들의 모든 환난에 동참하사 자기 앞의 사자로 하여금 그
들을 구원하시며 그의 사랑과 자비로 그들을 구원하시고
옛적 모든 날에 그들을 드시며 안으셨으나 (사 63:9)

이번에는 하나님의 위로의 말씀, 곧 우리의 영혼을 향한 하나님
의 자비와 한결 같은 사랑이 표현된 말씀에 귀 기울여보고 우리 자신
에게 적용해보자. 가령 이사야는 "그는 목자 같이 양 떼를 먹이시며
어린 양을 그 팔로 모아 품에 안으시며 젖먹이는 암컷들을 온순히 인
도하시리라"(40:11)고 말하고 있다. 또한 42:3에는 "상한 갈대를 꺾
지 아니하며 꺼져가는 등불을 끄지 아니하고"라고 기록되어 있다 (참
조. 출 34:7; 시 103:8-9, 11, 13; 이 49:14-16; 합 3:2; 마 12:20; 눅
15:4-5). 그래서 성경은 하나님을 인간에 비유하여 "도와 줄 마음"을
갖고 계신다고 하고 있고, 침례 요한의 부친 사가랴도 누가복음 1:78
에서 "우리 하나님의 긍휼"을 이야기하고 있는 것이다.

다섯 번째로, 우리에게 주어지는 고난은 하나님의 신실하심을 나타내기도 한다. 우리는 하나님의 자녀이며, 그렇기에 하나님께서는 언제나처럼 우리를 떠나지 않으실 것이고 우리를 도와주실 것이다. 사도 바울은 "사람이 감당할 시험 밖에는 너희가 당한 것이 없나니, 오직 하나님은 미쁘사 너희가 감당하지 못할 시험 당함을 허락하지 아니하시고 시험 당할 즈음에 또한 피할 길을 내사, 너희로 능히 감당하게 하시느니라"(고전 10:13)라고 기록했다. 또한 히브리서 기자는 "그가 친히 말씀하시기를, '내가 결코 너희를 버리지 아니하고 너희를 떠나지 아니하리라'"(13:5) 라고 말했다. 하나님께서 직접 야곱에게 말씀하시기도 하셨다.

> 내가 네게 허락한 것을 다 이루기까지 너를 떠나지 하니하리라 (창 28:15)

하나님의 신실하심이 얼마나 위대한지는 성경 곳곳에서 발견할 수 있다. 사무엘상 17:37; 시편 71:20; 86:13; 예레미야 애가 3:22-23; 고린도후서 1:10; 디모데후서 3:11; 4:17-18을 읽어보라. 하나님의 함께하심과 하나님의 속성에서 얻게 되는 위로가 잘 나타나 있다.

이제 삼위일체 하나님으로부터 곧 성부 하나님과 성자 하나님, 성령 하나님으로부터 얻게 되는 위로에 대해 살펴보자.

성부 하나님의 위로는 사도 바울이 고린도후서 1:3-4을 통해 언급한다. "찬송하리로다, 그는 우리 주 예수 그리스도의 하나님이시요, 자비의 아버지시요, 모든 위로의 하나님이시며, 우리의 모든 환난 중에서 우리를 위로하사 우리로 하여금 하나님께 받는 위로로써 모든 환난 중에 있는 자들을 능히 위로하게 하시는 이시로다." 또한 로마서 8:32은 "자기 아들을 아끼지 아니하시고 우리 모든 사람을 위하여 내주신 이가, 어찌 그 아들과 함께 모든 것을 우리에게 주시기 아니하시겠느냐"라고 기록하고 있고, 예수님께서도 "하나님이 세상을 이처럼 사랑하사"라고 말씀하셨다 (요 3:17).

성자 하나님의 사랑과 신실하심도 우리를 위로한다. 우리를 향하신 사랑과 신실하심이 너무도 크기에 어떤 이들은 예수님을 "이스라엘의 위로"라고 생각하며 기다리고 있었다 (눅 2:25). 또한 사도 바울은 "우리 주의 은혜가 그리스도 예수 안에 있는 믿음과 사랑과 함께 넘치도록 풍성하였도다"(딤전 1:14)라고 고백하였고, 예수님께서도 "내가 너희를 고아와 같이 버려두지 아니하고 너희에게 오리라" (요 14:18) 하고 말씀하셨다. 이 목적을 위해 주 여호와의 영이 그리스도 위에 내리셨다는 사실은 이사야서에 아주 잘 묘사되어 있다. "가난한 자에게 아름다운 소식을 전하게 하려 하심이라. 나를 보내사 마음이 상한 자를 고치며, 포로 된 자에게 자유를, 갇힌 자에게 놓임을 선포하며... 모든 슬픈 자를 위로하되, 무릇 시온에서 슬퍼하는 자에게 화관을 주어 그 재를 대신하며, 기쁨의 기름으로 그 슬픔을 대신하며, 찬송의 옷으로 그 근심을 대신하시고"(사 61:1-3). 그렇기에 사도 바울은 데살로니가 교회에게 "우리 주 예수 그리스도와, 우리를 사랑하시고 영원한 위로와 좋은 소망을 은혜로 주신 하나님 우리 아버지께서, 너희 마음을 위로하시고 모든 선한 일과 말에 굳건하게 하시기를 원하노라"(살후 2:16-17)라고 편지하였던 것이다.

성령 하나님은 본질상 위로하시는 사역이 강하신데 이는 그 분께서 "보혜사(the Comforter)"로 불리신다는 사실에서 잘 나타난다(요한복음 14장과 15장, 16장을 보라). 또한 사도행전 9:31을 통해 온 유대와 갈릴리와 사마리아 교회는 다름 아닌 주를 경외함과 성령의 위로 가운데 정진했음을 알 수 있다.

성부 하나님과 성자 하나님, 성령 하나님으로부터 주어지는 위로는 사도 바울의 축도 속에 잘 표현되어 있다.

> 주 예수 그리스도의 은혜와 하나님의 사랑과 성령의 교통하심이 너희 무리와 함께 있을지어다 (고후 13:14)

SPIRITUAL
Depression & Recovery

9장 복음을 통해 주어지는
하나님의 위로

영적 침체 가운데 위로를 얻을 수 있는 세 번째 사실은 다름 아닌 거룩한 복음이다.

chapter 9

우리가 영적 침체 가운데 위로를 얻을 수 있는 세 번째 사실은 다름 아닌 거룩한 복음이다. 연약한 영혼들이 기다리고 갈망해 오던, 그리스도와 그의 구원의 은혜에 관한 기쁜 소식 말이다. 이에 관해 사도 바울은 디도에게 "우리 구주 하나님의 자비와 사람 사랑하심이 나타날 때에 우리를 구원하셨다"고 편지했다(딛 3:4). 환난 가운데 있는 영혼에게 그리스도라는 이름이 얼마나 존귀한가! 얼마나 큰 위로인가! 그렇기에 우리의 영혼은 아가서의 신부처럼 "네 이름이 쏟은 향기름 같으므로... 우리가 너로 말미암아 기뻐하며 즐거워하니... 너를 사랑함이 마땅하니라, 나의 사랑하는 자는 내 품 가운데 몰약 향주머니요"(아 1:3-4, 13)라고 고백할 수 있는 것이다. 여러분의 영혼을 다해 사랑하는 그리스도만을 바라보도록 하라. 그리하여 그 분이 여러분에게 어떤 분이신지, 여러분을 위해 무엇을 하시는지, 그리고 끊임없이 여러분에게 어떤 약속을 주시는지 알기를 바란다.

그리스도가 어떤 분이신지 깊이 생각해보면, 여러분은 그 분께서 하나님이시며 동시에 인간이심을 알게 될 것이다. 그리스도의 하나님 되심(신성)은 여러분에게 모든 것을 줄 수 있고, 그 분의 인간되심(인성)은 여러분도 하나님과 동행할 수 있다는 확신으로 인도할 것이다. 여러분의 영혼을 그 분 앞에 내어 놓아라. 그 분께서는 친히 여러분의 맏형이 되기도 하신다. 그 분께 자유롭게 말하고 요구하라. 그리스도의 하나님은 곧 여러분의 하나님이시며, 그리스도의 아버지는 곧 여러분의 아버지시기 때문이다. 또한 그 분께서는 여러분의 살과 뼈가 되기도 하신다. 그리스도 안에 하나님의 신격이 육체로 충만하게 거하시며, 여러분은 그 안에서 온전하여 질 수 있다. 그 분은 하나님께서 보내신 하나님과 여러분 사이의 유일한 중보자이시다.

> 하나님은 한 분 이시요 또 하나님과 사람 사이에 중보자도 한 분이
> 시니 곧 사람이신 그리스도 예수라 (딤전 2:5)

그리스도는 우리의 대제사장으로서 하나님의 진노에 자신을 내어놓으셨고, 우리의 구원을 위해 자신을 희생하셨다. 여러분의 빚을 탕감시켜 주셨고, 하나님과 여러분 사이의 장벽을 허무셨다. 십자가에 자신의 몸을 내어놓으심으로 하나님과 우리를 화목하게 하셨다.

> 이는 그로 말미암아 우리 둘이 한 성령 안에서 아버지께 나아감을
> 얻게 하려 하심이라 (엡 2:18)

그리스도께서는 우리를 외한 화목제물이셨고 대언자이셨으며

중보자이셨던 것이다 (참조. 롬 8:34; 히 7:25; 요일 2:1).

그리스도께서는 여러분의 구원자이기도 하신다.

> 미쁘다 모든 사람이 받을 만한 이 말이여 그리스도 예수께
> 서 죄인을 구원하시려고 세상에 임하셨다 하였도다 죄인
> 중에 내가 괴수니라 (딤전 1:15)

> 누가 정죄하리요 죽으실 뿐 아니라 다시 살아나신 이는 그
> 리스도 예수시니 그는 하나님 우편에 계신자요 우리를 위
> 하여 간구하시는 자시니라 (롬 8:34)

> 아들을 믿는 자에게는 영생이 있고 (요 3:36 : 참조. 요
> 5:24; 롬 8:1; 고전 15:55-57)

그리스도께서 여러분을 위해 무엇을 하시는지 깊이 상고해보
면, 값없이 은혜 내려주시는 분임을 알게 될 것이다. 이 은혜의 첫 번
째 선물은 여러분에게 그리스도를 아는 지식을 주고 그 분과 연합하
게 하는 것이다. 이것이 없이는 하나님과 하나님이 주시는 구원에 대
해 올바로 이해할 수 없다.

> 하나님이 우리를 구원하사 거룩하신 소명으로 부르심은 (딤후 1:9)

> 너희를 불러 그의 아들 예수 그리스도 우리 주와 더불어 교제하게

하시는 하나님은 미쁘시도다 (고전 1:9)

은혜의 두 번째 선물은 여러분을 의롭다 선언해 주시는 것(칭의)이다. 다시 말해, 그리스도의 의가 마치 여러분의 의가 되는 것처럼 인정하시고, 여러분의 모든 죄와 받아 마땅한 하나님의 심판과 형벌로부터 여러분을 자유롭게 해주신다.

하나님께서는 죄인을 죽게끔 내버려두지 않으시고, 예수를 그의 피로써 믿음으로 말미암는 화목제물로 세우신 것이다 (롬 3:25)

이러한 용서를 숙고해보면, 그것이 순전히 은혜로 주어지며 그 풍성함은 무한하다는 것을 알게 될 것이다. 그렇기에 여호와께서는 모세 앞을 지나가시며 이렇게 선포하셨다.

여호와라 여호와라 자비롭고 은혜롭고 노하기를 더디하고 인자와 진실이 많은 하나님이라 인자를 천대까지 베풀며 악과 과실과 죄를 용서하시리라 (출 34:6-7)

시편 기자도 이렇게 고백한다.

여호와는 긍휼이 많으시고 은혜로우시며 노하기를 더디 하시고 인자하심이 풍부하시도다 자주 경책하지 아니하시며 노를 영원히 품

지 아니하시리로다 우리의 죄를 따라 우리를 처벌하지는 아니하시
며 우리의 죄악을 따라 우리에게 그대로 갚지는 아니하셨으니

(시 103:8-10)

미가 선지자도 이렇게 기록했다.

주와 같은 신이 어디 있으리이까 주께서는 죄악과 그 기업
에 남은 자의 허물을 사유하시며 인애를 기뻐하시므로 진
노를 오래 품지 아니하시나이다 다시 우리를 불쌍히 여기
셔서 우리의 죄악을 발로 밟으시고 우리의 모든 죄를 깊은
바다에 던지시리이다 (미 7:18-19)

또한 이 은혜가 매우 광대하여 여러분의 셀 수도 없는 모든 죄
를 덮고도 남는다는 사실을 알게 될 것이다. 하나님께서 수도 없이
용서하실 뿐만 아니라, 이 용서는 완전하여 모든 죄를 사하고 아무것
도 남기지 않는다는 사실도 알게 될 것이다. 그렇기 때문에 미가 선
지자는 하나님께서 "우리의 모든 죄를 깊은 바다에 던지시리이다"라
고 고백한 것이고, 주님께서도 "내가 그들의 불의를 긍휼이 여기고
그들의 죄를 다시 기억하지 아니하리라 약속하셨던 것이다"(히
8:12).

은혜의 세 번째 선물은 하나님께서 여러분을 자녀로 삼아 주신

다는 사실이다. 이때 하나님께서 자녀 삼아 주신 사실 그 자체와 우리의 영혼이 이 사실을 확신하는 것은 구분할 필요가 있다. 물론 두경우 모두 큰 위로가 되기에, 사도 바울은 주 하나님께 깊은 감사의 고백을 하였다.

> 찬송하리로다 하나님 곧 우리 주 예수 그리스도의 아버지께서... 그 기쁘신 뜻대로 우리를 예정하사 예수 그리스도로 말미암아 자기의 아들들이 되게 하셨으니 (엡 1:3-5)

요한은 이렇게 소리친다.

> 보라 아버지께서 어떠한 사랑을 우리에게 베푸사 하나님의 자녀라 일컬음을 받게 하셨는가 (요일 3:1)

또한 사도 바울은 로마의 성도들에게 "양자의 영을 받았으므로 우리가 아빠, 아버지라고 부르짖느니라. 성령이 친히 우리의 영과 더불어 우리가 하나님의 자녀인 것을 증언하시나니"라고 편지했다 (롬 8:15-16).

그리스도께서 여러분에게 끊임없이 주시는 약속을 숙고해보면, 그 약속이 한편으로는 여러분을 악에서, 특별히 앞에서 언급한 고난들로부터 온전히 구원하시겠다는 것임을 알 수 있다. 이는 여러분을 결코 버리지 않으시겠다는 것이다.

주님께서 내가 너를 결코 버리지 아니하고 너희를 떠나지 아니하리
라 (히 13:5)

또한 언제나 우리를 도와주시겠다고 약속하셨다.

은혜의 때에 내가 네게 응답하였고 구원의 날에 내가 너를 도왔도
다 (사 49:8)

보라, 지금이 바로 은혜의 때요, 지금이 바로 구원의 날인 것이
다. 주님께서는 그 분의 때에 여러분을 온전하게 도우실 것이다.

오호라 나는 곤고한 사람이로다 이 사망의 몸에서 누가 나
를 건져내랴 우리 주 예수 그리스도로 말미암아 하나님께
감사하리로다(롬 7:24-25; 참조. 시편 42:6; 사 43:1-2)

다른 한편에서 주님의 약속을 생각해 보면, 우리가 장차 완전한
구원에 이르게 되는데 이는 여러분에게 영생을 주시려는 주님의 선
하신 뜻 때문임을 알 수 있다. 그렇기에 사도 요한은 이렇게 기록한
것이다.

사랑하는 자들아 우리가 지금은 하나님의 자녀라 장래에 어떻게 될
지는 아직 나타나지 아니하였으나 그가 나타나시면 우리가 그와 같

을 줄을 아는 것은 그의 참모습 그대로 볼 것이기 때문이니

(요일 3:2)

어쩌면 여러분 중 일부는 이렇게 불평할지도 모른다. "주님의 약속이 성취되기까지 너무 오랜 시간이 걸릴 것입니다. 저에게는 너무 힘든 일입니다." 누가복음 12:50에 기록된 것처럼 "그것이 이루어지기까지 나의 답답함이 어떠하겠느냐"라며 불만을 터뜨릴지도 모른다. 나는 그런 사람들의 눈앞에 누가복음 21장을 펼쳐 보여줄 것이다. "너희의 인내로 너희 영혼을 얻으리라"(21:19). 여러분은 인내할 필요가 있다. 주님께서 결코 지체치 아니하시고 곧 오실 것이기 때문이다.

주의 약속은 어떤 이들이 더디다고 생각하는 것 같이 더딘 것이 아니라 오직 주께서는 너희를 대하여 오래 참으사 아무도 멸망하지 아니하고 다 회개하기에 이르기를 원하시느니라 (벧후 3:9)

지금까지 우리는 영적 침체를 겪고 있는 영혼이 위로를 얻게 되는 세 가지 근원에 대해 논의했다. 이 세 가지 사항을 잘 기억하고 주의 깊게 살펴보며 숙고해보기 바란다. 이를 통해 위로를 얻고자 하는 영혼에게 큰 위로를 줄 수 있을 것이다. 우리에게 위로자가 있다는 사실을 대수롭지 않게 여겨서는 안 된다. 고난에 처한 예루살렘 도성

이 어떠했는지 예레미야 애가 1:2을 보라. "밤에는 슬피 우니 눈물이 뺨에 흐름이여." 그러나 예루살렘 도성을 위한 위로자가 없었다. 다윗은 그리스도의 수난을 예언하며, "불쌍히 여길 자를 바라나 없고, 긍휼이 여길 자를 바라나 찾지 못하였나이다"고 하였다(시 69:20).

SPIRITUAL
Depression & Recovery

10장 하나님의 위로에 관한
부정적인 견해들

영적 침체 가운데 위로를 얻을 수 있는 세 번째 사실은 다름 아닌 거룩한 복음이다.

chapter 10

그러나 이와 같은 사실에도 불구하고, 영적 공격을 당하고 있는 사람들은 보통 다음과 같은 두 가지 부정적인 견해에 부딪히게 된다.

첫 번째 부정적인 견해는 이렇다. "예, 맞습니다. 그런 위로가 주어진다는 것도, 그 위로가 경이롭다는 것도 모두 사실입니다. 하지만 그것을 누릴만한 사람들은 따로 있지 않을까요? 아마 저를 위한 위로는 없을 것입니다. 저는 그런 행운아들과는 거리가 멀죠. 저에게는 아무런 권리도 없습니다. 그런 위로는 저에게 무용지물일 뿐입니다."

두 번째 견해는 보통 첫 번째 것을 강조할 때 거론되는데, 곧 이러한 위로가 영혼에게 아무런 영향을 미치지 못하고 열매를 맺지도 못한다는 것이다. 그리하여 영적 공격을 받는 영혼은 이렇게 체념하게 된다. "아무런 위로도 제 자신에 적용할 수 없습니다. 물론 당신이 설명하고 있는 그러한 위로가 있는 것이 사실이지만, 저에게는 아무런 도움이 되지 않네요. 저를 위한 위로가 아니기 때문일 것입니다."

우리는 뭐라 해야 할까? 첫 번째 견해에 대해 이렇게 답하고 싶다. 첫째, 영적 침체 가운데 있는 사람은 증명할 수 없는 문제에 대해 찬성하거나 반대할만한 충분한 근거를 가지고 있지 않다. 둘째로, 영적 침체를 겪는 사람의 판단은 큰 의미가 없다. 싸움의 한 가운데 서 있는 사람이 어찌 정확한 판단을 내릴 수 있을까? 이는 병상에 누워 있는 환자가 자신의 생각만을 고집할 수 없는 것과 같다. 셋째로, 이렇게 갈등하는 사람도 하나님의 은혜 가운데 있을 수 있다는 사실(의심의 여지없이 충분히 입증 될 수 있는 사실), 그리고 하나님의 자녀로 하나님의 약속과 위로를 누릴 권리가 있다는 사실을 우리는 이미 구체적이고 효과적으로 증명했다. 왜 아직도 이런 진리를 받아들이기 거부하는 사람이 있는 것일까? 마지막 넷째로, 하나님의 위로를 기쁜 마음으로 즐거워할 수 없는지 묻고 싶다. 다시 말해, 아닌 것을 위해 고군분투 하는 것을 멈출 수는 없을까? 우리의 영혼은 이미 답을 알고 있다. 만일 우리가 심령 가운데 하나님의 은혜와 선하심이 충분하지 못하다고 생각하여 이것을 진정으로 바라고 갈망한다면, 이것이 바로 하나님의 은혜의 결과인 것이다. 자신에 대해 바로 알고 자신의 실패에 대해 바로 이해하고 있어 하나님의 은혜의 필요성을 절실히 깨닫는 사람만이 이러한 갈망을 갖게 된다. 하나님의 특별한 은혜가 임하는 자만이 이러한 상태를 깨닫게 되는 것이다.

조금 더 살펴보자. 첫째로 살펴볼 문제는, 왜 어떤 이는 자기가 하나님의 위로를 누릴만한 권리가 없다고 생각하는 것일까? 바로 이런 생각 때문이다. 먼저, "제가 저지른 끔찍한 죄악들로 인해 하나님의 위로를 받을만한 가치가 없다고 생각합니다. 또한, 하나님께서 나를 버리시고 거부하셨다는 사실이 매우 강하게 느껴지기 때문입니다." 죄로 인해 하나님의 위로를 받을만한 가치가 없다는 대답에 대해 나는 이렇게 묻고 싶다. 대체 무슨 대답이 그 모양인가? 죄와 관련해서 조금이라도 자격을 갖추었던 사람이 있었을까? 지금껏 구원받은 모든 이들은 구원받을 만한 가치가 있기보다는 죄로 인해 징벌을 받아 마땅한 자들이었지 않는가? 주님께서 이사야를 통해 이렇게 말씀하셨지 않는가? "나는 나를 구하지 아니하던 자에게 물음을 받았으며, 나를 찾지 아니하던 자에게 찾아냄이 되었으며, 내 이름을 부르지 아니하던 나라에 '내가 여기 있노라, 내가 여기 있노라' 하였노라"(사 65:1).

이 땅에 살고 있는 모든 하나님의 자녀들에게 물어보라. 할 수만 있다면 이미 하늘나라에 거하고 있는 하나님의 자녀들에게도 물어보라. 하나같이 자기들도 하나님의 은혜를 받을 만한 자격이 없다고 고백할 것이다. 이제 여러분은 "그러나 나의 죄는 그들의 죄에 비할 것이 못됩니다. 나는 그들에 비해 너무 많은 죄를 지었습니다. 저처럼 끔찍한 죄인도 없고, 저처럼 무가치한 피조물도 없을 것입니다"

하며 또 꽁무니를 뺄 것인가? 그렇다면 나는 여러분에게 사도 바울의 고백 "죄인 중에 내가 괴수니라"를 들이밀 것이며 덧붙여 "그러나 내가 긍휼을 입은 까닭은"(딤전 1:15-16)라고 할 것이다. 이것이 회심한 죄인들의 공통된 고백인 것이다.

다음으로 언급하고 싶은 내용은, 사실 여러분이 자신의 죄에 대해 자각하고 있고 스스로 무가치한 존재라고 느끼고 있다는 사실은 매우 좋은 징조라는 것이다. 버나드는 이렇게 설명했다. "환자가 의사에게 간청하듯, 죄인은 하나님께 그렇게 기도 드려야 합니다. 이때 죄인의 기도는 두 가지 사실로 인해 훼방을 받을 수 있습니다. 빛이 전혀 없거나 빛이 너무 많을 때 그렇죠. 빛이 전혀 없을 때는 자신의 죄를 보지도 고백하지도 못합니다. 반대로 빛이 너무 많을 때는 죄가 너무 커 보여 용서를 확신하지 못하게 됩니다." 적당한 빛이 여러분 자신을 바로 알기에 유익한 것이다. 너무 밝아 오히려 여러분을 어둡게 하거나, 너무 어두워 여러분을 진리의 빛에서 멀어지게 하지 않도록 해야 한다. 가버나움의 백부장의 고백은 이를 잘 나타낸다.

주여 내 집에 들어오심을 나는 감당하지 못하겠사오니

(마 8:8)

어거스틴은 그의 고백을 이렇게 설명했다. "백부장은 자신을 가치 없는 사람이라 표현함으로써 그리스도를 마음으로 받아들일 수 있었습니다. 자신의 집으로가 아니었습니다. 집에 들이기를 주저했던 분을 이미 마음속으로 영접하지 않았다면, 백부장은 믿음과 겸손을 가지고 그런 고백을 하지 않았을 겁니다."

세 번째로, 여러분이 스스로 무가치하다는 것을 알 뿐만 아니라, 이제 그것에 대해 애통해 한다는 사실을 언급하고자 한다. 누군가 애통해 하고 있는 영혼에게 그리스도의 말씀을 전한 적이 있다. "사랑하는 딸아, 네가 죄로 인해 이만큼 아파하고 이제 더 이상 죄를 짓고 싶지 않아 하는 것으로 충분하구나. 이제 나의 은혜가 너와 함께 하는데, 나는 자비와 은혜가 풍성한데, 왜 아직도 두려움 가운데 있느냐?" 이렇듯 더 이상 큰 죄를 범하지 않고, 더 이상 가치 없는 사람이 되지 않으려는 진심 어린 갈망이야 말로, 진정으로 회심한 자들이 갖게 되는 흔적인 것이다. 이들의 입술에서 "오호라, 우리의 범죄 때문이니이다"(애 5:16)라고 고뇌가 흘러나온다. 그리고 욥처럼 "그러므로 내가 스스로 거두어들이고 티끌과 재 가운데에서 회개하나이다"(42:6) 하는 애통에 찬 고백을 하기도 한다.

네 번째로, 여러분은 감히 하나님의 은혜를 여러분의 죄나 무가치함에 비교하고자 하는가? 그것들을 높게 쌓아놓고는 용서받을 수 없다거나, 도움을 받을 수 없다고 감히 생각하려는 것인가? 로마서

5:20에 기록된 바울의 말을 기억하라. "죄가 더한 곳에 은혜가 더욱 넘쳤나니." 그리고 사도 바울은 다른 곳에서, 죄인 중의 괴수인 자기가 예수 그리스도를 통해 긍휼을 입었다는 사실과 주를 믿고 영생을 얻게 될 자들에게 본이 되게 하시려고 그리스도께서 오래 참으심을 보이셨다고 말하고 있다. 가인이 "내 죄벌이 지기가 너무 무거우니이다"라고 고백하자, 어거스틴은 "가인은 거짓 증언을 하고 있습니다. 하나님의 은혜는 그 어떤 죄의 고통보다 크기 때문입니다"라고 설명한다. 독일 태생의 초기 기독교 교부였던 암브로시우스(Ambrosius)는 "하나님의 자비하심으로 판단하건데, 어쩌면 가룟 유다조차도 죄를 용서받을 수 있었는지 모릅니다. 만일 그가 자신의 뉘우침을 유대인이 아닌 그리스도 앞에서 했다면 말이죠."라고 말했다. 역시 초기 기독교 교부였던 요한 크리소스톰(John Chrysostom)은 "당신의 죄악에는 한계가 있지만, 하나님의 선하심과 자비는 그렇지 않습니다. 그 죄악이 얼마나 크던지 간에 인간의 죄일 뿐입니다. 그러나 하나님의 선하심은 끝이 없어 결국에는 여러분의 죄악을 이기시고야 맙니다. 큰 대양에 불꽃 하나가 떨어진다 한들 곧 사그라질 뿐입니다. 큰 대양에 비하면 불꽃이 아주 작은 것처럼, 아니 하나님의 은혜와 자비에 비하면 인간의 죄는 그보다 훨씬 더 작을 것입니다. 대양이래 봤자 그 경계가 있기 마련이지만, 하나님의 은혜와 자비는 경계를 모르기 때문이죠."라는 말을 남겼다.

또 다른 곳에서는 이렇게 말했다. "크도다, 하나님의 은혜와 자비하심이여! 그러니 우리가 어찌 감히 지은 죄가 너무도 중하여, 어찌 구원받을 수 없다고 말할 수 있겠는가? 분명 여러분은 할 수 없으나, 하나님은 하실 수 있으시고, 하나님은 그렇게 하실 것이며, 그리하여 여러분의 모든 죄악을 씻기고야 마실 것입니다. 바실도 같은 고백을 했다. 여러분의 죄악이 많음으로 인해 겁먹지 마십시오. 죄가 많은 곳에 은혜가 더 풍성하기도 하답니다."

1555년 순교한 요한네스 베르누티우스(Johannes Vernutius)는 옥중에서 "왜 우리는 심령을 다해 하나님을 신뢰하지 못할까요? 우리의 죄가 가로 막기 때문일까요? 전혀 그렇지 않습니다. 죄가 많은 곳에 하나님의 은혜가 더욱 풍성해지기 때문입니다. 용서받은 죄의 크기가 클수록, 하나님의 사랑이 크다는 사실이 잘 드러나게 됩니다. 그렇다면 고통이 하나님과 우리 사이를 단절시킨 것일까요? 아닙니다. 왜냐하면 우리의 고통이 크면 클수록 우리를 향한 하나님의 자비와 도움도 크게 나타나기 때문입니다. 그렇다면 도대체 뭐가 문제일까요? 우리의 약함이 훼방하는 것일까요? 이 역시 아닙니다. 하나님의 능력은 우리의 약함에서 드러나기 때문입니다. 우리의 능력이 부족할수록 우리는 하나님 안에서 강해지기 때문입니다."라는 서신을 남겼다. 앞서 언급했던 순교자 로버트 글로버도 "오, 주님, 주님께서는 우리의 연약함 가운데 당신의 강함을 드러내시고, 우리의 어리석음 가운데 당신의 지혜를 드러내시며, 우리의 죄악 가운데 당신의 자비하심을 보여주셨습니다."와 같은 고백을 했다.

고통 가운데서 여전히 "하지만 내 죄악이 여기저기 도처에 널려 있습니다. 너무도 많고, 너무도 끔찍합니다. 그 수가 이루 헤아릴 수 없을 정도입니다."라고 말하고 싶은 이가 있을 것이다. 그런 영혼에게 이렇게 말할 것이다. "당신은 셀 수 없을 정도로 많은 죄를 범했다. 그러나 죄의 수가 많고 적음은 문제가 되지 않는다. 숫자라는 것은 본디 셀 수 없을 정도로 크기 때문이다. 모르고 지은 죄, 죄로 여겨지지 않을 법한 것들, 혹은 이미 까맣게 잊어버린 것들까지, 당신이 지은 죄 이상으로 더 많은 죄악들을 가지고 나와 보라. 다른 사람이 지은 죄까지 포함시켜 더 많은 죄악들을 가지고 나와 보라. 이렇게 하면 분명 당신이 지은 죄보다 더 많은 죄를 가지고 나올 수 있을 것이다. 그럼에도 하나님의 은혜를 대적하여 쌓을 수 있는 죄가 거의 없음을 알게 될 것이다. 하나님의 은혜 앞에서 그러한 죄들은 아무것도 아닌 것이 되고 만다. 유한한 인간과 무한한 하나님 사이에는 영원토록 차이가 존재할 수밖에 없다. 하나님께는 그분 자신 외에는 모든 것이 인간적인 것이며 그저 작은 점과 같은 존재일 뿐이다. 그러니 당신의 죄를 너무 가중하게 여겨 하나님의 은혜나 그 아들 예수 그리스도의 보배로운 피와 저울질 하지 않도록 해야 한다"(행 20:28;

벧전 1:19). 로마서 5:15은 이 점을 아주 분명히 제시한다. "그러나 이 은사는 그 범죄와 같지 아니하니, 곧 한 사람의 범죄를 인하여 많은 사람이 죽었은즉, 더욱 하나님의 은혜와 또한 한 사람 예수 그리스도의 은혜로 말미암은 선물은 많은 사람에게 넘쳤느니라." 바울은 이어지는 17절에서 한편으로는 한 사람의 범죄를 언급하고, 다른 한편으로는 예수 그리스도를 통한 넘치는 은혜와 의의 선물을 얘기한다. 초기 그리스도인들도 이런 비슷한 고백을 했다. 우리의 죄악이 줄어들 때 하나님의 은혜는 늘어난다. 그러므로 여러분이 자신의 무가치함 때문에 그리스도와 그 분의 은혜로부터 스스로 떨어져 나가려 한다는 것은 매우 잘못된 일이다. 반대로, 이 무가치함 때문에 신속히 그리스도를 쫓아가 그 분의 은혜를 간구해야 하는 것이다. 사실, 하나님께서는 최악의 죄인들에게 은혜를 허락하신다는 사실, 그리하여 창녀나 세리가 바리새인들보다 먼저 하늘나라에 들어갔다는 사실로부터 그분의 영광을 나타내시기를 원하신다. 그리스도께서도 바리새인들은 경멸하시면서 세리나 죄인들과 어울리셨다.

> 바리새인들이 보고 그의 제자들에게 이르되 어찌하여 너희 선생은 세리와 죄인들과 함께 잡수시느냐 예수께서 들으시고 이르시되 건강한 자에게는 의사가 쓸 데 없고 병든 자에게라야 쓸 데 있느니라 (마 9:11–13)

다섯 번째로, 그리스도께서는 특별히 이러한 자들을 위해서 오셨고, 그들에게 은혜를 주시고자 하신다. 여러분이 자신의 무가치함과 무의미함, 실패한 사실을 보다 더 깨달을수록, 그리스도와 그 분의 은혜에 더욱 다가서게 된다. 목마른 자들과 돈 없는 자들에게 초대를 받게 되는 것이다. 방탕한 아들이 아버지가 물려준 모든 재산을 탕진하고 궁핍함으로 고통에 처하자 이런 불평이 시작된다. 내가 굶어 죽게 되었구나. 그리고는 곧장 일어서서 아버지가 계시는 집으로 가게 된다. 예수님께서도 그 분의 은혜로 말미암아 수고하고 무거운 짐 진 자들과 마음이 상한 자와 말씀 앞에서 두려워하는 자들에게 약속을 하셨다.

여섯 번째로 언급하고 싶은 것은, 하나님과 하나님의 은혜에는 어떠한 조건도 필요 없다는 것이다. 우리가 보여줄 수 있는 조건에 따라 하나님의 은혜가 좀 더 일찍 온다거나 은혜를 받을만한 그럴듯한 자격을 갖추는 것이 아니다. 은혜라는 것은 완전히 자유롭고 어떠한 것에도 제한 받지 않는다. 늘 선한 것을 줄 뿐이지, 인간 내면에 어떠한 조건을 필요로 하지 않는다. 그렇기에 주님께서는 목마른 자들을 "물로 나아오라, 돈 없는 자도 오라, 너희는 와서 사 먹되, 돈 없이, 값없이 와서 포도주와 젓을 사라"(사 55:1; 참조. 요 4:14; 7:37)라고 초대하신다.

일곱 번째로는 이런 질문을 던지고 싶다. 하나님의 은혜를 얻기 위해서 여러분 안에 어떠한 능력을 지녀야 할까? 그리고 여러분 스스로 이러한 능력을 갖출 수 있을까? 이런 망상으로 인해 자칫하면 인간은 스스로의 힘으로 뭔가를 이룰 수 있다는 치명적인 오류에 빠지게 되고 그릇된 길로 치닫게 된다. 실상 인간은 하나님의 은혜로만 무언가를 할 수 있는데 말이다 (고후 3:5). 오랜 세월, 이런 명백한 사실이 하나님의 교회를 통해 가르쳐져 왔음에도, 왜 어떤 이들은 하나님의 은혜를 통해서가 아니라 자신의 힘으로 이 능력을 움켜쥐려고 하는 것일까? 고린도전서 12:3과 요한복음 15:4을 통해 바로 이해하길 바란다.

여덟 번째, 만일 여러분이 스스로의 능력으로 하나님을 기쁘시게 하고 섬기고자 한다면, 이는 여러분이 행위에 의한 공로, 혹은 행위에 의한 의라는 가증스런 오류에 빠지는 것이다. 우리가 로마 교황 제도를 버린 것은 사실이지만, 우리의 인간성은 하나님 앞에서 어떠한 자격을 얻고 기쁨을 느끼며 가치 있어 보이려고 여전히 선행에 의존하려는 경향이 있다. 그러나 우리는 다윗 왕과 같이 "주 밖에는 나의 복이 없다 하였나이다"(시 16:2)라고 고백해야만 한다. 나 자신으로부터 시선을 돌리고, 나의 행위라는 공상을 벗어버리자. 그리고는 그리스도 안에서 발견되려 애쓰고, 사도 바울과 같이 "내가 가진 의는 율법에서 난 것이 아니요"라고 고백하도록 하자 (빌 3:9).

　　아홉 번째 사항은 전심을 다해 언급하지 않을 수 없다. 여러분이 영적 침체와 시련에 처해 있다면, 그것은 여러분이 쉽게 생각하듯 그리스도께 나와 그의 은혜를 받아들이거나 말거나 자유롭다는 것이 아님을 말해준다. 여러분이 그리스도께 나오거나 말거나 상관없다거나 무관한 문제로 생각하지 말기를 바란다. 하나님께서 여러분을 초대하실 때(마 11:28), 소리쳐 부르실 때(사 55:1), 명령하실 때(요일 3:23: 그의 계명은 이것이니, 곧 그 아들 예수 그리스도의 이름을 믿고), 경고하실 때(요 3:36: 하나님의 진노가 그 위에 머물러 있느니라), 권면하실 때(고후 5:20-21: 하나님이 우리를 통하여 권면하시는 것 같이 그리스도를 대신하여 간청하노니, 너희는 하나님과 화목하라. 하나님이 죄를 알지도 못하신 이를 우리를 대신하여 죄로 삼으신 것은 우리로 하여금 그 안에서 하나님의 의가 되게 하려 하심이라), 하나님께 나아가지 않는다는 것은 죄라는 사실, 그것도 아주 탄식할 만한 죄라는 사실을 알아야 한다.

　　그리스도 안에서 그의 위로를 함께 나누고 있는 여러분 모두에게 열 번째로 언급하고자 하는 사항은, 만일 여러분이 수많은 죄를 가지고 나왔음에도 그리스도 안에서 안식과 위로를 찾는다면 다른 사람들과 크게 다르다고 생각하지 않을 수도 있다. 그러나 그들 스스로도 하나님의 은혜를 누릴 만한 자격이 없다고 생각하고 있음을 여러분은 잘 알고 있다. 혹, 그들이 여러분보다 하나님의 은혜를 누릴 만한 더 큰 권리가 있다고 생각하는가? 절대 아닐 것이다. 이미 사도 바울이 디모데에게 쓴 편지(딤전 1:15-16)와 "주여 나를 떠나소서, 나는 죄인이로소이다"라는 시몬 베드로의 고백(눅 5:8)을 살펴보았기 때문이다. 이처럼 다른 이가 아닌 죄인을 찾고 부르시는 것이 바로 예수님의 사역이다. 예수님께서 삭개오의 집에 가시자, "뭇 사람이 보고 수군거려 이르되, 저가 죄인의 집에 유하러 들어갔도다 하더라"(눅 19:7). 그렇기에 다윗도 "여호와께서 우리의 죄를 따라 우리를 처벌하지는 아니하시며"라고 고백했던 것이다(시 103:10). 어거스틴은 "제 주변에 큰 질병들이 너무 많습니다. 정말 무서운 질병들입니다. 그러나 주님께서 주시는 치료약은 훨씬 더 위대하답니다."라고 고백했다. 다른 곳에서는 "제가 범죄 함으로 말미암아 저의 양심이 정죄 받고 있음을 고백합니다. 저의 뉘우침은 용서를 받기에는 턱없이 부족합니다. 그러나 주님의 자비는 저의 모든 죄악을 덮고도 남습니다."라는 고백도 하였다.

버나드의 고백은 우리에게 큰 위로를 준다.

"연약한 사람들이 우리 구세주께서 고통을 당하셨다는 사실보다 더 견고한 확신과 안식을 얻을 수 있는 어디 있을까요? 그렇기에 저는 그 분 안에 거하고자 합니다. 능히 구원을 이루실 분이시기 때문입니다. 세상이 요동치고, 육체가 나를 억누르려 하며, 마귀가 숨어 나를 기다린다 할지라도, 저는 넘어지지 않을 것입니다. 견고한 반석 위에 서 있기 때문입니다. 제가 극심한 죄악을 범하고 양심이 고통 가운데 있더라도, 결코 완전히 넘어지지는 않을 것입니다. 제 구세주의 고통을 기억하고 있기 때문입니다. 그 분께서는 저의 죄를 위해 고통 당하셨습니다. 그리스도께서 돌아가심으로 인해 이제 그 어떤 것도 저를 죽음에 빠트리지 못하게 되었습니다. 이 강력한 치료제를 기억하기만 한다면 그 어떤 질병도 저를 해할 수 없습니다. 그러므로 누군가 저의 악행이 너무도 크기에 용서 받을 수 없는 지경에 이르렀습니다"라고 고백하는 것은 그리스도의 몸 된 교회 일원이 아니라면 모를까 매우 큰 오류에 빠지는 것입니다. 그러니 저는 주님께서 당하신 고통에 비해 제가 얼마나 부족하던지 모두 인정하며 나가겠습니다. 그 분의 고통은 모든 자비의 근원이 되며 부족함이 없기 때문이죠. 손과 발이 못 박히셨고, 창으로 옆구리가 찔림 당하신 것이 자비의 근원입니다. 이로 인해 바위틈에서도 꿀을 맛 볼 수 있고, 자갈 틈에서도 기름을 발견할 수 있습니다. 이제 저는 알 수 있습니다. 주님의 은혜가 얼마나 달콤하신지!"

이미 다른 문제이긴 하지만, 자주 제기되는 문제이기에 다시 한 번 논의할 필요가 있겠다. 어떤 이들은 계속해서 "저의 죄악이 너무도 크고 많습니다. 저는 죄인 중의 죄인입니다. 이것이 제가 의심하고 몸부림치며 죽게 될까 두려워하는 이유입니다. 그런 죄를 저지르지 않았다면 어땠을까요?"라고 말한다.

이에 대해 다섯 부분으로 답변을 제시하고자 한다. 첫 번째는, 세상에 그 어느 누가 아무런 죄를 짓지 않았으며, 지속적으로 끔찍한 죄를 저지른 경험이 없을까 하는 문제이다. 물론 아무도 없다. 누가 아무런 죄를 범하지 않을 수 있을까? 더러운 본성을 가지고 어떻게 선한 것을 내어놓을 수 있을까? 그럴 수 있는 사람은 오직 한 분, 죄가 없으시고 모든 죄인과 구별된 예수 그리스도뿐이시다. 그렇기 때문에 성경은 세상의 모든 일이 악하다고 증거하며 죄와 저주 아래 포함시키는 것이다.

두 번째 부분은 아주 훌륭한 삶을 살았던 성인들을 통해 알아보자. 그들 역시 자신의 범죄한 사실을 시인하며 아주 큰 죄를 범한 죄인 중의 죄인이라고 고백한다는 것이다. 다윗에 관한 기사를 통해서도 알 수 있고, 사도 바울이 디모데에게 편지를 쓰며 자신을 죄인 중의 괴수라고 표현한 사실에서도 알 수 있다.

세 번째로, 죄를 지었다는 사실 자체는 우리에게 좋지 않으므로 욥처럼 "사람을 감찰하시는 이여, 내가 범죄하였던들 주께 무슨 해가 되오리이까?"하는 고백을 해야 한다는 것이다. 우리 안에 악한 요소가 있다는 것을 아는 것도 중요하지만, 우리가 영적인 눈으로 그것을 바라보는 것도 중요하다. 모든 사람이 자기 안에 있는 죄 된 본성과 그 심각성을 제대로 바라보는 것은 아니다. 경건에 속하지 않은 이들을 이러한 문제를 전혀 인식하지 못한다. 우리가 자신의 죄악을 느낄 수 있고 알고 있다는 사실, 그로 인해 애통해 한다는 사실을 통해 하나님의 은혜를 인정해야만 한다. 인간의 눈으로 본다면야 죄를 범하는 것 자체는 비난 받아 마땅한 일이지만, 우리가 그 죄를 알고 느끼고 있다는 것은 분명 성령 하나님의 은혜와 사역에서 오는 것이다. 그러므로 우리가 죄책을 갖는 것에서 더 나아가, 우리를 향한 선하신 목적을 위해 우리 안에서 역사하시는 하나님의 은혜를 바라보아야만 한다. 하나님의 은혜가 우리의 모든 죄악을 이기신다는 것, 그리고 시련으로부터 영혼을 구원하신다는 것, 이것이 내가 강조하고픈 것이다.

따라서 네 번째로 언급할 내용은, 이처럼 죄를 자각하는 죄인이야말로 그리스도께서 자신의 선하심과 은혜, 구원을 보여주시는 유일한 대상이라는 사실이다. 예수님께서 "수고하고 무거운 짐 진 자들아, 다 내게로 오라, 내가 너희를 쉬게 하리라"(마 11:28) 라고 말씀하셨다. 주님께서는 누구를 부르시는가? 수고하고 무거운 짐을 진 모든 이들을 의미한다. 그리고 무슨 약속을 주시는가? 그들 모두에게 안식을 주신다고 하신다. 이 말씀이 담고 있는 큰 위로와 교훈이 무엇인지 살펴보자. 마태복음의 다른 곳에 기록된 예수님의 말씀에서 잘 나타난다. "나는 의인을 부르러 온 것이 아니요, 죄인을 부르러 왔노라 하시니라"(9:13). (또한 사 61:1-3; 딤전 1:15을 보라).

다섯 번째 부분은, 여러분의 모든 죄를 하나님의 자비와 예수 그리스도의 공로 앞에 내려놓고, 하나님께서 예수 그리스도께 나타내 보이신 그 은혜의 심연 속에서 모든 죄악이 소멸되거나 사라지지 않는지 보라는 것이다. 사도 바울은 이 점을 잘 알았기에 로마서 5:20에서 "죄가 더한 곳에 은혜가 더욱 넘쳤나니"라고 고백할 수 있었다.

그러나 고통 가운데 있는 이들은 이런저런 이유를 들며 하나님의 위로를 반대할 것이다. 자신이 위로 받을 만한 가치가 없다며, 제 안에는 아무런 선행도, 아무런 경건함도, 아무런 선함도 없기 때문이죠. 저 같은 사람은 어떻게 되는 거죠? 이들에게는 사도 바울도 "내 속, 곧 내 육신에 선한 것이 거하지 아니하는 줄을 아노니" 로마서 7:18에서 같은 고백을 했다는 사실을 상기시키고 싶다. 그러므로 사도 바울도 우리와 같은 상황에 처해 있었음을 알 수 있다. 사도 바울은 성경을 통해 우리의 연약함을 두 가지로 표현한다. 로마서 7:18에서는 우리 안에, 곧 우리 육신 안에, 선한 것이 없다고 설명하고 있고, 고린도후서 3:5을 통해서는 우리 자신이나 우리에게서 난 것은 선한 것이 없다고 말하고 있다.

이들에게 이런 질문을 던지고자 한다. 하나님의 은혜와 성령께서 위와 같은 불평 가운데서도 구원의 역사를 일으키시지 않으셨던가? 물론 그렇게 하셨다! 여러분이 자신의 실패를 분명하게 깨닫고 느낀다는 사실이 바로 여러분의 선이며, 이는 하나님의 은혜와 깨닫게 하시는 역사가 여러분 안에 내재한다는 증거이다. 실패를 깨닫기만 할 뿐 아니라, 아무것도 가지고 있지 않은 존재임을 인식하는 겸손함도 겸비하게 되었다. 아무리 작은 것도 선은 선이라는 사실을 잊지 말기 바란다. 깨알 같은 씨앗도 씨앗의 모든 기능을 가지고 있다. 겨자씨가 자라나 하늘에 나는 새들이 둥지를 트는 큰 나무가 되는 것이다. 주 하나님께서는 은혜로 말미암아 그리스도를 통하여 우리 안에서 역사하시며, 우리가 가지고 있는 선의 크기보다는 그 진실함을, 온전함 보다는 온전케 되려는 굳은 심지를 인정해 주신다. 우리 안의 선함이 완성되는 것은 이후에 그리스도 안에서 주어지는 것이기 때문이다. 그렇기에 사도 바울은 고린도후서에서 "있는 대로 받으실 터이요, 없는 것은 받지 아니하시리라"고 말하는 것이다(8:12).

마지막으로, 피상적으로 들릴지도 모르지만 경건한 사람들이 지속해서 영적 진보를 이루고 완전함에 이르기 위해 애쓴다는 사실이다. 자신이 소유한 그 어떤 것도 가치를 부여하거나 붙잡으려 하지 않는다. 사도 바울은 빌립보 교인들에게 이렇게 편지했다. "오직 내가 그리스도 예수께 잡힌바 된 그것을 잡으려고 달려가노라. 형제들아, 나는 아직 내가 잡은 줄로 여기지 아니하고, 오직 한 일, 즉 뒤에 있는 것은 잊어버리고 앞에 있는 것을 잡으려고 푯대를 향하여 그리스도 예수 안에서 하나님이 위에서 부르신 부름의 상을 위하여 달려가노라"(빌 3:12-14). 그러므로 누구든지 다른 사람만큼, 혹은 자신의 바람만큼 거룩하지 못하다 하여 육체의 고행을 해서는 안 된다. 우리가 바라는 만큼 이루어지지 않는다 할지라도, 그것이 공정한 결과일 수 있다. 빵 부스러기만큼 작은 것으로도 만족을 얻자. 하나님의 은혜는 크기와 상관없이 우리가 만족을 얻기에 충분하기 때문이다.

여전히 하나님의 위로가 주어진다는 사실에 "저는 회심을 경험해본 적이 없습니다. 저는 늘 똑같죠. 회심은 제가 아니라 다른 사람들에게만 해당됩니다."라고 반대하는 사람들이 있다. 이들에게는, 한 사람의 회심은 죄와 의에 관련된 네 가지 사실을 통해 확인할 수 있다고 말해주고 싶다. 다시 말해 회심의 전 과정은 죄를 억제하고 선을 행하는 것으로 확증할 수 있다는 것이다.

회심을 보여주는 첫 번째 사실은, 자신의 죄와 다른 사람의 죄로부터 돌이켜 구별된 삶을 산다는 것이다. 죄를 혐오하게 되고 조금이라도 악한 것은 결코 가까이 하지 않는 것은 회심의 증거이다. 죄를 억누르는 것이 아직은 완전하지 않고, 어떠한 죄라도 피하려는 노력이 항상 일정하게 유지되는 것도 아니지만, 그 굳은 심지는 충분히 드러난다. 단 하나의 죄도 허용하지 않는다. 자신을 쉽게 무너트리거나 지극히 개인적인 죄악도 변명의 여지가 없다. 모든 죄에 대해 "물러가라!" 외칠 수 있어야 한다. 에스겔의 명령처럼 "너희가 범한 모든 죄악을 버리고"(18:31) 돌아서야 한다.

두 번째, 회심한 증거는 죄를 절제하는 데에서 뿐 아니라, 육체를 죽이고 죄를 행할 수 있는 힘과 의지를 꺾는데 서도 드러난다. 죄를 자제하며 범하기 싫어하는 데서 더 나아가, 그것을 전혀 할 수 없다는 고백에 이르게 된다. 사도 요한은 자신의 첫 번째 편지에서 이를 잘 표현했다. "그도 범죄 하지 못하는 것은 하나님께로부터 났음이라"(요일 3:9). 이사야의 말처럼 "소멸하는 영"(사 4:4)을 통해 죄를 지으려는 의지를 꺾는 것이 바로 육신을 죽이고 십자가에 못 박는 것이다. 바울은 로마서 6:6에서 "죄의 몸이 죽어 다시는 우리가 죄에게 종노릇 하지 아니하려 함이니."라고 설명한다. 누군가 자신의 내면에서 뭔가 죽어 나가고 다른 사람이 그 대신 서 있음을 확실히 느끼게 된다면, 사도 바울이 말하는 옛 사람이 죽은 것이다. 이제 그는 자신 안에 있던 죄를 지으려는 의지가 완전히 꺾이고 소멸되었음을 느낄 수 있다.

회심을 보여주는 세 번째 증거는, 죄에 대해 죽은 것처럼 선한 것에 대해서는 다시 사는 것에서 드러난다. 죄에 대해 죽은 것은 그리스도의 죽으심의 능력을 통함이요, 선에 대해 다시 사는 것은 그분의 부활과 생명을 인함이다. 여기서 말하는 다시 산다는 것은 속사람의 이해와 의지, 성향을 새롭게 하여, 악에서 떠나 선한 것을 추구하고자 하는 자각을 갖게 된 것이다. 이제 모든 갈망은 그리스도 안에서 하나님만을 추구하게 되고, 모든 생각과 의지는 의롭게 되는 것에 초점을 맞추게 된다. 이를 보고 사도 바울은 "새로운 피조물이라. 이전 것은 지나갔으니, 보라 새 것이 되었도다"라고 묘사한다(고후 5:17).

네 번째로, 회심은 사도 바울이 로마서 7:6에서 말하는 영의 새로운 것, 즉 다시 사는 것에서만 드러나는 것이 아니라, 새 생명 가운데서 행하는 것에서도 증거 된다(롬 6:4). 그러므로 한 사람의 회심은 죄를 절제하며 하나님의 명령과 선행을 실천하는 것과 더불어 매일의 삶 속에서 경건함을 보여주는 것에서도 나타난다. 죄를 절제하고자 부지런히 애쓰고 죄에 죽어 죄를 혐오하는 자들, 성령께서 그의 심령 가운데 시작하신 새로운 생명을 느끼게 되어 모든 면에서 경건함을 추구하려는 자들, 이들은 분명 회심한 자들인 것이다.

어떤 이들은 고난을 겪는 사람들에게서 이 네 가지 증거들을 쉽게 발견하고 그들의 회심을 확인할 수 있을 것이다. 그러나 이것은 회심의 실재와 정도, 성장(회심에 완성을 논하지는 않겠다)을 판단하는 것과는 사뭇 다르다. 또한 누군가를 판단하여 그것을 보편적 사실로 간주한다거나, 극심한 고통으로 인해 쉽게 관찰할 수 있는 사실을 올바로 인식하거나 구별하지 못하는 사람을 판단하는 것과도 다른 일이다. 부활한 그리스도를 보고도 알아보지 못했던 마리아나, 자기 바로 옆에 있던 우물을 찾지 못했던 하갈의 경우처럼 말이다.

하나님의 위로를 부정하는 사람들은 여전히 "제 속에는 믿음이 없습니다. 믿음이 없기에 은혜나 구원의 희망도 찾아볼 수 없습니다."하는 주장을 한다. 내 대답은, 믿음의 외적 증거들이나 믿음 자체가 거부되는 경우가 아니고서는 우리가 모든 믿음의 증거들을 살펴본 후, 이것을 가지고 흔히 제기되는 질문들에 일일이 답할 필요가 없다는 것이다. 보다 중요한 일은, 믿음의 본질을 보다 깊이 설명하여 믿음의 본질이 무엇으로 구성되어 있는지 이해시키는 것이다. 가령, 자신이 살아 있고, 느끼고 있고, 성장하고 있지만 위나 심장, 영혼을 가지고 있지 않다고 말하는 사람에게는 위, 심장, 영혼의 기능을 설명하는 것이 아무런 소용이 없다. 믿음은 가지고 있지만 신앙이 약하거나 영적 공격을 당하고 있는 이들에게도 마찬가지다. 다른 무엇보다도 믿음의 본질을 설명하여 그들이 믿음의 능력과 기능을 분별하고 드러낼 수 있음을 느낄 수 있어야 한다. 한 영혼이 필요로 하는 것은 다른 것이 아닌 그리스도 안에서 구원의 믿음이 무엇인지를 바로 아는 것이다.

지금까지의 내용을 간단히 정리해보자. (1)먼저, 우리의 영혼이 어떻게 하나님의 아들 예수 그리스도를 구세주, 자기 백성을 그들의 죄에서 구원할 자로 알고 이해하는지 알아보았다. 천하사람 중에 구원을 받을 만한 다른 이름이 없기에 그 분은 유일한 구원자이시며, 자기를 힘입어 하나님께 나아가는 자들을 온전히 구원하시는 완전한 구원자이심을 알았다. (2)또한, 우리의 영혼이 구원을 얼마나 간절히 원하고 갈망하는지 알아보았다. (3)마지막으로, 조금 전 언급한 첫 번째 사실로 인해 우리의 영혼이 유일한 중보자이신 예수 그리스도 이외에는 다른 어떤 구원의 수단이 없음을 잘 이해하고 있는지 알아보았다. 우리는 우리 스스로를 구원자의 위치에 놓지 않으며, 일시적이고 세상적이고 육체적인 것에서 구원을 찾지 않는다. 우리는 예수 그리스도를 통해서만 구원받을 수 있고, 구원받게 될 것이라는 것을 잘 알고 있다.

이러한 사실로 인해, 만일 여러분이 자신의 구원에 의심이 생기고 과연 내가 구원을 바라는지 확신이 없을지라도, 여러분 스스로가 얼마나 구원을 바라는지 잘 알고 있기에 그 사실을 완전히 부정할 수 없다. 또한 그리스도를 신뢰하지 못하여 구원을 바라는 자들을 구원하시고 지켜주실 것이라는 사실을 의심하게 될지라도, 이미 그리스도 안에서 여러분이 가진 신실한 믿음을 고백했었기에 그리스도를 완전히 부정할 수 없는 것이다. 이 모든 사실은 여러분이 진정으로 믿음을 가지고 있음을 잘 보여준다. 비록 입으로는 부정하고 있지만, 진정으로 구원에 이르는 믿음을 소유하고 있는 것이다.

여러분이 이러한 믿음을 부정하는 이유는 믿음의 본질에 대해 무지하고 종교의 주요 특징을 잘 모르기 때문이다. 믿음이란 무엇일까? 믿음을 통해 우리는 무엇을 알 수 있을까? 바로 예수 그리스도만이 구원을 바라는 자들을 완전히 구원하실 수 있고, 구원하실 분이라는 사실이다. "하나님의 아들을 믿는 자는 자기 안에 증거가 있고, 하나님을 믿지 아니하는 자는 하나님을 거짓말하는 자로 만드나니, 이는 하나님께서 그 아들에 대하여 증언하신 증거를 믿지 아니하였음이라. 또 증거는 이것이니 하나님이 우리에게 영생을 주신 것과 이 생명이 그의 아들 안에 있는 그것이니라. 아들이 있는 자에게는 생명이 있고, 하나님의 아들이 없는 자에게는 생명이 없느니라"(요일 5:10-12). 사도 요한은 또한 복음서를 통해 "오직 이것을 기록함은 너희로 예수께서 하나님의 아들 그리스도이심을 믿게 하여 함이요, 또 너희로 믿고 그 이름을 힘입어 생명을 얻게 하려 함이니라"고 하였다(요 20:31). 바로 이 믿음이 여러분 속에서 구원을 향한 갈망을 갖게 한다. 이것이 바로 우리의 주된 목표이고, 이러한 진심 어린 갈망을 소유한 이들은 하나님의 때에 구원의 상속자가 될 것이다. 그런 갈망은 성령 하나님의 특별한 은혜와 역사를 통해서만 주어진다. 죄와 저주의 굴레에서 벗어난 자들만이, 고개를 들고 구원을 바라는 갈망을 갖게 된다. 이렇게 속사람이 구원을 바라게 되었다는 것은 선한 심령의 증거이고, 죄와 죄 된 본성을 싫어하게 되었다는 표시이며, 하나님의 손길로 그의 심령이 더 나은 것을 바라게 되었음을 말해준다.

> 의에 주리고 목마른 자는 복이 있나니 그들이 배부를 것임
> 이요 (마 5:6)

구원을 향한 갈망은 중보자이신 예수 그리스도를 통한 믿음에 의해서만 생겨난다. 이를 통해 우리를 그분의 높고 거룩한 경지에 이

르게 하신다. 또한 이 믿음은 성육신 하신 말씀, 독생자시인 예수 그리스도를 통해 하나님께서 우리에게 증거 하신 것을 우리가 진리로 알고 붙잡고 있음을 말해준다. 그리스도의 속죄와 공로로 말미암아 이러한 구원의 갈망에 이르게 된다. 이것이 믿음이요, 우리로 하여금 베드로와 같이 "주여, 영생이 말씀이 주께 있사오니, 우리가 누구에게로 가오리이까?" 고백하게 하는 것이다(요 6:68). 이와 더불어, 마음이 온전히 주께 향해 그분이 우리의 구원자 되심을 신뢰하게 되고, 우리는 그에게 속한 그의 자녀요, 그분께서 우리를 지켜주실 것임을 믿게 된다. 이러한 표현은 믿음에 의지할 때, 믿음으로부터 흘러나오는 고백임을 잘 보여준다. 그렇기에 여러분은 그리스도 안에서 믿음을 갖고, 그분이 구원자이시요 구세주이심을, 믿음이 없는 다른 사람들보다 깊게 신뢰해야 한다. 이제 바울과 같이 이런 고백을 할 수 있을 것이다.

> 내가 믿는 자를 내가 알고, 또한 내가 의탁한 것을 그 날까지 그가
> 능히 지키실 줄을 확신함이라 (딤후 1:12)

이 믿음은 다음으로 구원의 확신을 가져다준다. 우리는 믿음을 통해 그리스도께서 우리를 구원하실 것을 신뢰하게 되는데, 이 신뢰는 그의 구원을 바라며 그를 통해 하나님께 나아가는 모든 자들을 그분께서 능히 구원하실 것이라는 사실에 기인하고 있다. 결국 우리는

그리스도 안에서, 그리스도를 통해 구원에 이른다는 확신을 얻게 되는 것이다. 이처럼 믿음과 연관된 것들은 그것이 무엇이든지 믿음으로부터 흘러나오게 된다. 그러나 믿음으로부터 나오는 구세주를 향한 신뢰와 구원의 확신은 실제로 믿음을 행동으로 나타낸 결과이기도 하다. 믿음이라는 원리에서 비롯된 반응이자 메아리요, 결과인 것이다. 때로는 신뢰와 확신이 존재하지도 않는 것처럼 잘 드러나지 않을 수도 있다. 믿기는 하더라도, 자신이 정말 믿고 있는지 정확히 알 수 없을 때도 있다. 신뢰와 확신이 지속적으로 느껴지지 않기 때문이다. 이것이 바로 영적 침체에 처한 사람들의 상황이다.

하지만 우리가 느끼지 못하다는 연유로 믿음이라는 것이 부재한다고 결론지어서는 안 된다. 믿음은 전혀 느껴지지 않는 상황에서도 존재하는 경우가 많기 때문이다. 비록 우리가 위나 심장, 생명을 느낄 수는 없지만, 우리 몸속에 존재하는 것과 같다. 신뢰와 확신이 매우 희미해 보일지라도, 믿음은 여전히 우리 안에 존재하고 있다. 한 겨울에 잎이나 열매가 보이지 않더라도, 나무속에는 여전히 생명력이 살아 숨 쉬고 있는 것처럼 말이다. 믿음은 우리의 영혼이 이해하고 고수하는 진리를 통해, 그리고 예수 그리스도께서 복음을 통해 알리시고 약속하신 것에 동의하는 것을 통해 우리 안에 존재한다. 그 약속은 오직 그리스도를 통해서만 구원과 지켜주심을 받고자 하는 자들을 친히 온전히 구원하시겠다는 것이다.

믿음의 본질과 특성을 살펴보았고, 믿음이 고난 속에서도 우리 영혼 안에 존재한다는 것을 증명했다. 이제는 진정한 믿음이 나타내는 외적 증거와 정황을 통해, 우리의 주장을 좀 더 분명하게 하도록 하자. 믿음은 있지만 숨겨져 잘 보이지 않는 심령을 살펴보거나, 믿음의 실천과 행위를 바라보게 되거나, 혹은 믿음의 열매와 능력을 목격함으로써 여러분은 고난 가운데 있는 이들에게 그들 안에 믿음이 있음을 설득하고 가르칠 수 있는 무엇인가를 발견할 수 있다. 위에서 언급했듯이, 진심으로 믿는 이들은 자신의 온 마음을 믿음으로 채우고 싶어 한다. 이것은 입술로만 고백하는 헛된 믿음이 아니라, 마음으로 고백하는 믿음을 의미한다. 이를 통해 자신의 믿음이 진정한 것인지 살펴보게 되고 확신을 얻게 되는 것이다. 그래서 빌립은 에티오피아 내시에게 이렇게 말한 것이다.

당신이 진심으로 믿는다면 침례를 받을 수 있습니다 (행 8:37)

여러분도 구원에 필요한 모든 것들을 전심으로 믿고자 할 것이다. 그것이 바로 믿음이다. 진정하고 견고한 믿음, 하늘나라로 인도해 주는 믿음 말이다.

믿음의 실천과 행위를 바라보게 되면, 믿음이 불신앙의 모든 요소들을 거부하고 미워하며 대적하는 것에 있음을 알 수 있다. 이제 여러분은 선택에 직면해 있다. 믿음과 불신앙, 이 둘 중에 무엇을 원하는가? 불신앙에 대적하고 맞서는 것, 여러분 안에 진정한 믿음이 없다면 불가능한 일이다. 불신앙에 맞서는 것이 불신앙의 증거가 될수는 없다. 죄가 죄에 맞서는 일은 없기 때문이다. 오히려 이것은 믿음을 말해준다. 죄는 그 반대의 본질과 성격을 갖는 것에 의해 대적되기 때문이다. "나의 믿음 없는 것을 도와주소서"라고 기도할 수 있다면, "내가 믿나이다"라는 기도도 할 수 있는 것이다 (막 9:24).

믿음의 능력과 열매를 바라보게 되면, 여러분은 믿음의 열매가 사랑과 선행으로 이루어져 있음을 알게 될 것이다. 이 사랑은 하나님을 향하고 이웃에 전해져야 한다. 여러분 안에 하나님과 이웃을 향한 사랑이 없는가? 자신을 유심히 살펴보길 바란다. 하나님은 최고의 선이시기 때문에 여러분은 하나님을 갈망하며 "내가 그 분을 진정으로 사랑할 수만 있다면!"하고 고백할 수밖에 없을 것이다. 예수께서 죄를 지은 한 여자에게 하신 말씀을 되새겨보기 바란다.

> 이러므로 내가 네게 말하노니 그의 많은 죄가 사하여졌도다 이는
> 그의 사랑함이 많음이라 (눅 9:24)

사랑이라는 믿음의 열매는 우리가 믿음으로 말미암아 죄를 용서받았다는 사실을 보여준다. 사도 바울은 골로새에 있는 성도들이

예수 안에서 "믿음과 모든 성도에 대한 사랑"을 가졌다는 것에 하나님께 감사했다 (골 1:4).

이처럼 믿음과 사랑은 서로 뗄 수 없는 것이다. 마치 쌍둥이와 같다. 여러분은 성도들을 존중하고 있고, 그들과의 연합을 추구하며, 그들의 선행과 위로와 기도를 기대하게 된다. 그리고는 그들을 향한 사랑의 고백을 멈출 수 없게 된다. 이렇게 성도들을 향한 사랑이 여러분 안에 있기에, 그 안에 예수 그리스도를 믿는 믿음도 존재하는 것이다. 하나가 없이는 다른 하나도 있을 수 없는 것이다.

"내 안에 하나님을 향한 사랑이 없습니다"라고 고백하며 하나님의 위로를 반대하는 자들이 있을 수 있다. 나는 그런 자들을 향해, 어떻게 그렇게 말할 수 있는지 반문하며, 다섯 가지 증거를 제시하고자 한다.

(1) 하나님을 향한 사랑과 반대 되는 것, 즉 여러분이 하나님을 미워한다는 것을 정말로 확증할 수 있을까? 이 질문만으로도 여러분은 깜짝 놀랄 것이다! 그렇다면 왜 여러분은 하나님을 사랑하지 않는다고 공공연히 떠드는가? 여러분의 성향이 때로 느껴지지 않더라도, 그것이 결코 소멸되지는 않는다. 여러분의 성향이라는 것은 하나님을 향하고 하나님을 사랑하든 하나님으로부터 돌아서서 하나님을 미

워하든 둘 중에 하나이다. 어떤 사람이나 사물을 알게 되었을 때 나타나는 현상은, 여러분의 의지나 성향이 그 사실에 끌리게 되어 애착이 생기게 되거나, 그 반대로 그 사람이나 사물로부터 멀어지게 되는 것, 두 가지뿐이다. 여러분이 소유하고 있는 하나님을 아는 지식으로 인해, 그 분을 미워하는 것이 선하지 않음을 충분히 알고 있다. 더 나아가, 그러한 감정을 사악한 것으로 정죄하기까지 한다. 그러므로 여러분은 하나님을 미워하지 않는다. 하나님을 사랑하고 있는 것이다.

(2) 여러분은 진정으로 하나님을 원하고 있다. 다시 말해, 하나님으로부터 흘러나오는 것이나 하나님과 관계된 것은 무엇이든지 원하고 있다는 것이다. 이렇게 여러분 안에 애착이 있는 데도 사랑이 없다고 말할 수 있을까? 여러분은 하나님을 완전히 받아들이고 수용하며, 사랑하고 섬기고 영화롭게 하기를 바랄 것이다. 또한 하나님께서 여러분을 자녀로 삼으시고 상속자로 여기시기를 바랄 것이다. 이처럼 여러분이 하나님의 소유가 되길 바라고, 그 분을 여러분의 하나님으로 모시기 원하는데도 사랑이 없다고 말할 수 있을까? 사랑이 있기 때문에 "나는 내 사랑하는 자에게 속하였고, 내 사랑하는 자는 나에게 속하였으며"(아 6:3)라고 고백할 수 있는 것 아닐까?

(3) 여러분은 하나님을 사랑하는 동시에 두려워하며, 그 분을

진노케 하는 것도 두려워한다. 그러나 여러분은 여러분의 죄악이나 하나님의 진노로 인한 형벌을 크게 두려워하지는 않는다. 이보다는 하나님을 불명예스럽게 하고 불쾌하게 하는 것을 더 두려워한다. 그러므로 사랑하는 마음이 있는 자가 경외함을 갖게 되는 것이다. 요셉은 보디발의 아내에게 이렇게 고백했다.

> 이 집에는 나보다 큰 이가 없으며 주인이 아무것도 내게 금하지 아니하였어도 금한 것은 당신뿐이니 당신은 그의 아내임이라. 그런즉 내가 어찌 이 큰 악을 행하여 하나님께 죄를 지으리이까? (창 39:9)

(4) 어떻게 여러분은 고난 가운데서 하나님을 사랑하지 않는다고 말할 수 있을까? 여러분이 고난 가운데서 애통하는 이유는 하나님께서 여러분에게 그의 사랑과 자비를 보여주지 않기 때문이다. 여러분이 하나님의 그 사랑을 애타게 기다리고 있는데도 말이다. 이처럼 여러분이 하나님의 사랑과 자비를 갈망하고 있는데도, 하나님을 사랑하지 않는다고 말할 수 있을까?

(5) 만일 여러분이 하나님의 그 사랑을 돈으로 살 수만 있다면, 기꺼이 모든 것을 내어주고자 할 것이다. 이처럼 하나님과 그 분의 사랑을 위해 모든 것을 내놓고 기꺼이 잃을 각오를 하는 것이, 하나

님의 사랑 없이 가능하다고 말할 수 있을까? 과연 그 누가 이런 사람을 향해 하나님을 향한 사랑이 없다고 말할 수 있을까?

그럼에도 여전히 하나님의 위로를 반대하는 자들이 있다. "만일 내 안에 조금이라도 선한 것이 생긴다면, 설사 진정으로 선한 것이 생겨난다 하더라도, 그것은 위선일 뿐이며, 하나님께서 나에게 위로를 주실 만큼 그 분을 기쁘게 하지는 못할 것입니다." 그들에게는 이렇게 답하고자 한다. 자신의 위선으로 인해 애통하는 것 이상으로 위선적이지 않음을 드러내주는 확실하고 명백한 증거는 없다. 자신의 위선을 두려워하는 자야말로 위선적이지 않은 것이다. 자신의 이런 저런 행동이 위선적이 않을까 애석해하는 것은 위선을 혐오하고 미워하며, 그러한 죄를 바라거나 즐기지 않는다는 것을 잘 보여주기 때문이다.

어떤 이는 "그러나 스스로도 알아채지 못할 정도로 제 자신을 기만하며 위선을 떨 수도 있지 않습니까? 다른 많은 사람들이 그렇듯 말이죠."라고 말할지도 모른다. 그렇다면 나는 이렇게 대답할 것이다. 위선이라는 해악은 둘 중의 하나인데, 미리 잘 짜인 각본대로 자신의 행동을 치장하거나(이런 경우 본인 스스로 자신의 위선을 충분히 알아차린다), 불완전한 의를 가지고 자신을 속이며 기만하는 것이다. 이런 경우 하나님의 천사가 사데 교회에 이른 말을 적용할 수 있다.

내 하나님 앞에 네 행위의 온전한 것을 찾지 못하였노니

(계 3:2)

예수께서는 마태복음 5:20 "내가 너희에게 이르노니, 너희 의가 서기관과 바래새인보다 더 낫지 못하면 결코 천국에 들어가지 못하리라."에서 말씀하시기를, 자신을 꼼꼼히 살피고 자신을 올바로 평가하며, 자신의 행동이 위선적이지는 않을까 걱정하고 두려워하는 것은 그가 위선적이지 않다는 것을 분명히 보여준다. 반대로 위선적인 사람은 자신의 행동을 사람들에게 드러내고 칭찬을 받고자 한다. 정말로 위선적이지 않은 사람은 경건하게 되고자 애쓰며(사람을 위하거나 자신의 칭송을 위해서가 아니라, 오직 하나님의 눈에 합당하게), 신실한 삶을 살아가려고 노력한다. 세상에 알아주는 사람 하나 없어도, 그들은 그렇게 살고자 애쓰는 것이다.

위선은 세 가지 특징을 갖는다. 첫 번째, 위선자들은 누가 봐도 헛된 것에 마음을 두지는 않는다. 그래서 예수께서 "외식하는 자들아, 이사야가 너희에 관하여 잘 예언하였도다. 일렀으되, '이 백성이 입술로는 나를 공경하되 마음은 내게서 멀도다'"(마 15:7-8)라고 말씀하셨다.

두 번째, 위선자들은 모든 죄를 혐오하기는 하지만 그 모든 죄악

을 억누르지는 않는다. 오히려 잔머리를 굴려 어떤 죄들에 대해서는 자기합리화를 시도한다. 그러나 우리에게 주어진 명령은 분명하다.

너희는 너희가 범한 모든 죄악을 버리고 (겔 18:31)

세 번째, 위선자들은 모든 선행을 부지런히 실천하지는 않는다. 행하고자 하는 선행과 그렇지 않은 선행을 스스로 구분 짓는 것이다. 이것은 올바르지 않다. 물론 우리 인간은 이 세상에 살면서 죄악으로부터 완전히 자유로울 수 없을뿐더러, 선행을 완벽하게 실천할 수도 없다. 그러나 우리는 단 하나의 죄악도 예외를 두지 않고, 모든 죄악들을 대적하며, 부지런히 경건함을 추구할 수는 있다. 항상 하나님의 모든 명령을 따라 살겠다는 굳은 의지를 가지고 있어야 한다는 것이다. 하지만 하늘 구석구석이 항상 대낮과 같이 밝은 것이 아니듯, 우리 인간도 비록 인간으로서의 모든 면모를 갖추었다 할지라도 완전히 성숙한 존재가 아닐 수 있다. 주님께서는 이렇게 말씀하신다.

다만 그들이 항상 이 같은 마음을 품어 나를 경외하며 내 모든 명령을 지켜서 그들과 그 자손이 영원히 복 받기를 원하노라(신 5:29)

이는 마음을 견고히 굳히는 것이 곧 척도가 된다는 선언이다. 그 마음을 조금이라도 돌이키지 않는 자, 단 하나의 죄악도 마음에 품지 않으려는 자, 하나님의 모든 명령을 마음을 다해 따르려고 하는 자는 위선자가 아님을 분명히 말해준다. 그는 하나님께 온 마음을 드리며, 하나님의 모든 계명을 따르고자 애쓰는 사람이다. 하나님의 기쁘신 뜻에 따라 소원을 두고 행하게 되어, 하나님을 기쁘게 하고자 기도하는 사람이다(빌 2:13). 위선자는 이렇게 행할 수 없을뿐더러, 이러한 말을 할 수도 없다.

혹독한 시련 가운데 영적 침체를 겪으며 하나님의 위로를 반대하는 이들은, 자신의 크고 수많은 죄들로 인해 하나님의 위로를 받을 만한 자격이 없다고 고백하기도 한다. 저는 하나님과 그의 은혜로부터 끊어졌습니다. 이렇게 말하는 사람들에게 하나님의 말씀은 오히려 그 반대를 가르치고 있다고 밝히고 싶다. 하나님의 자녀가 완전히 끊어진다는 것은 결코 허락되지 않는다. 어떠한 일이 일어나든, 어떠한 비난이 쏟아지든, 하나님의 입장에서는 그의 자녀들을 계속 보호하고 계시는 것이고, 어떠한 시련을 겪든 상관없이, 그 분으로부터 멀어지지 않는 것이다. 예수님께서 어느 누구도 자신의 손에서 그의 자녀들을 빼앗아 갈 수 없음을 확증하셨다. 하나님께서도 그의 자녀들과 영원한 언약을 체결하셨다. 예레미야의 입을 통해 "내가 그들에게 복을 주기 위하여 그들을 떠나지 아니하리라" 하는 영원한 언약을 말씀하셨다(렘 32:40). 하나님의 영원한 사랑이 이 언약에서 흘러나

오며 유지된다. 그렇기에 주님께서는 이사야 43:4에서 "내가 너를 사랑하였은즉" 말씀하시고는, 5절에서 "두려워하지 말라 내가 너와 함께" 하신다고 하셨다. 하나님의 성령과 은혜의 선물은 우리 영혼 속에 영원히 거하는 것이다. 바울의 말을 빌리자면 "후회하심이 없느니라"(롬 11:29). 누군가 자신이 하나님으로부터 끊어진 것에 애통해 한다면, 이것은 잠시 낙담하고 넘어진 것을 의미하는 것이지 끊어진 것을 의미하지는 않는다. 자신이 넘어진 사실을 알고 애통해 한다는 것이야말로 하나님으로부터 완전히 끊어지지 않았고, 은혜와 소망 밖에 있지 않음을 보여준다. 이런 의미로 사도 요한은 에베소 교회의 사자에게 어디서 떨어졌는지를 생각하라고 편지하였다(계 2:5).

지금 이 장에서 다루고 있는 주제의 두 번째 부분은, 영적 침체 가운데 있는 영혼이 하나님께 거절당하고 버림받아 더 이상 그의 은혜를 받을 수 없다고 말하는 것에 관한 것이다. 시편 77편을 인용하며 "주께서 영원히 버리실까? 다시는 은혜를 베풀지 아니하실까? 그의 인자하심은 영원히 끝났는가? 그의 약속하심도 영구히 폐하였는가? 하나님이 그가 베푸실 은혜를 잊으셨는가? 노하심으로 그가 베푸실 긍휼을 그치셨는가?"(시 77:7-9)이렇게 반문한다. 이들에게 나는 이렇게 반문하고자 한다. 지금 여러분은 매우 잘못되고 불쾌한 질문을 하고 있다는 것을 아는가? 왜 하나님을 대적하여 거짓말을 하는가? 시온이 여호와께서 나를 버리시며, 주께서 나를 잊으셨다 불평하자, 이사야 선지자를 통해 뭐라고 답하셨는가? 이렇게 말씀하셨다.

> 여인이 어찌 그 젖 먹는 자식을 잊겠으며 자기 태에서 난
> 아들을 긍휼히 여기지 않겠느냐 그들은 혹시 잊을지라도
> 나는 너를 잊지 아니할 것이라 (사 49:14-16)

이미 보여주었듯이, 여러분이 시련 가운데 있을 때 하나님께서는 다양한 방법으로 그의 은혜를 드러내신다. 그럼에도 어찌 감히 하나님께서 나를 내모셨다고 말할 수 있는가? 하나님께서는 그러실 수 없다. 그 분의 선히심이 이를 보증한다. 느헤미아는 이렇게 설명한다.

> 주의 크신 긍휼로 그들을 아주 멸하지 아니하시며 버리지
> 도 아니하셨사오니 주는 은혜로우시고 불쌍히 여기시는 하
> 나님이심이니이다 (느 9:31)

그 분의 신실하심도 보증이 된다. 하나님께서 이사야를 통해 분명히 약속하셨다.

> 산들이 떠나며 언덕들은 옮겨질지라도 나의 자비는 네게서
> 떠나지 아니하며 나의 화평의 언약은 흔들리지 아니하리라

너를 긍휼히 여기시는 여호와께서 말씀하셨느니라

(사 54:10)

만일 여전히 하나님의 위로를 반대하며 "주님께서 저를 버리셨습니다"라고 고백하면, 하나님께서는 그 분의 선하심으로 그러한 것을 바라실 수도, 그 분의 신실하심으로 인해 그러한 것을 하실 수도 없는데 어찌 그렇게 될 수 있는지 묻고 싶다. 여러분은 이 부분에서 신학자들이 성도의 견인에 관해 논의하며 경고하는 것을 되새겨보아야 한다. 그것은 우리가 스스로 끊어지는 것을 막을 수 있다는 듯이 영혼의 견고함과 그 기반을 사람으로부터 찾아서는 안 된다는 것이다. 대신에 하나님과 그리스도 안에서 찾아야 한다. 큰 손을 펴사 우리를 인도하시고 도우시고 지켜주시며, 우리가 그의 은혜의 자리에서 끊어지지 않도록 하시기 때문이다. 이 세상과 지옥의 모든 권세자들이 연합할지라도, 하나님의 언약 안에 있는 영혼한테는 아무런 해를 입힐 수 없는 것이다. 비록 그 영혼이 아주 연약할지라도 말이다. 이사야는 말한다.

너는 나의 종이라 내가 너를 택하고 싫어하여 버리지 아니하였다 하였노라 두려워하지 말라 내가 너와 함께 함이라 놀라지 말라 나는 네 하나님이 됨이라 내가 너를 굳세게 하리라 참으로 너를 도와 주리라 참으로 나의 의로운 오른손

으로 너를 붙들리라 (사 41:9-10)

어떤 이는 다시금 이렇게 반응할는지도 모른다. 지금 내가 느끼는 것은 하나님께 버림받았다는 것뿐입니다. 여러분 아닌 그 누구라도 자신이 하나님께 버림받았다는 것을 알 수는 없다. 단지 끝까지 회개하지 않는다거나 용서받을 수 없는 죄를 통해서만 알 수 있을 뿐이다. 그러나 이것이 여러분의 경우는 아니다. 여러분은 자신의 죄를 뉘우치며 그에 대적하려고 애쓰기 때문이다. 그렇다면 왜 생각 없이 그런 말들을 내뱉는가? 여러분이 버림받았다는 생각이 대체 어디에서 오는 것일까? 여러분의 주장을 유심히 살펴보면, 오히려 그 반대 결론에 이르게 될 것이다. 만일 여러분이 버림받은 자라면, 하나님의 은혜를 나눈다는 것이 무엇을 의미하는지 도무지 알 수 없을 테고, 따라서 그것이 부족하다는 것도 느끼지 못하기 때문이다. 더욱이, 여러분이 하나님의 은혜를 소유하고 있다는 다양한 증거를 제시하지 않았는가? 그런데도 지금 선한 것 보다는 악한 것만을 느끼고 있고, 여러분에게 주어진 것 보다는 주어지지 않은 것만을 알고 있는가? 어쩜 그럴 수 있단 말인가! 당신 스스로도 당신이 얼마나 배은망덕한지기가 차지 않는가? 항상 여러분이 소유하고 있는 것에 눈을 열고, 그것을 보고 느끼지 못하더라도, 다시 그 느낌이 돌아올 때까지 소유하고 있는 것에 감사하는 법을 배워야 한다. 욥처럼 "그가 나를 죽이시리니, 내가 희망이 없노라"고 고백할 수 있어야 한다(욥 13:15). 혹은 시편 기자처럼 "여호와여 내가 깊은 곳에서 주께 부르짖었나이다"라고 말할 수 있어야 한다(시 130:1). 여러분의 영혼은 여전히 하나님께 닿아 있음을 이미 잘 알고 있다. 어쩌면 고난 가운데 기드온처럼 반문할지도 모른다.

> 여호와께서 우리와 함께 계시면, 어찌하여 이 모든 일이 우리에게 일어났나이까 (사 6:13)

그렇다면 이 책의 1장에서 다룬 것을 숙고해보기 바란다. 그러면 영혼 스스로가 이러한 고난이 필요하고 유용하다는 것을 발견하게 될 것이다. 비그리스도인들도 이것을 인정했다. 고대 로마의 수필가였던 아울루스 겔리우스(Aulus Gellius)는 고대 그리스의 철학자 에픽테토스(Epictetus)를 언급하며, "고난을 겪는 모든 사람들이 신들에게 미움을 샀기 때문은 아닙니다. 원인을 알 수 없는 고난도 자주 있기 마련입니다" 라고 했다.

여러분의 영혼이 "하나님의 위로가 나를 버리지는 않았다는 것에는 동의합니다. 하지만 그것이 저에게 무슨 유익이 있을까요. 그 위로를 제 자신에 어떻게 적용할지 모르겠습니다. 아무런 능력도, 아무런 열매도 보이지 않습니다." 라고 반박할 수도 있다. 이렇게 생각해보면 어떨까? 위에서 말한 것이 사실일 수도 있고, 때로는 아무것도 보이지 않는 황폐한 때를 만나기도 할 것이다. 그렇다고 해서 영혼의 모든 처지를 의심해선 안 되며, 오히려 참고 기다릴 줄 알아야 한다. 하나님께서 아모스 선지자를 통해 이스라엘 백성에게 하신 말씀을 적용해보자.

> 내가 이것을 네게 행하리니, 이스라엘아, 네 하나님 만나기
> 를 준비하라 (암 4:12)

하나님의 강한 손에 항복한 채, 아삽과 같이 하나님의 오른손이 모든 것을 바꿔주실 것이라고 고백할 수 있을 때까지 참고 기다려야 한다(시 80:17).

SPIRITUAL
Depression & Recovery

SPIRITUAL
Depression&Recovery

11장 하나님의 위로를 기다리는
영혼의 태도

하나님의 위로를 찾아 헤매는 영혼에게 도움을 주기 위해, 주의해야 할 사항

chapter 11

　이제, 하나님의 위로를 찾아 헤매는 영혼에게 도움을 주기 위해, 주의해야 할 사항과 지켜야 할 사항 몇 가지를 언급하고자 한다.

　먼저, 하나님의 능력과 하나님께서 보내신 고난에 대해 조금이라도 불평하는 것에 주의해야 한다. 하나님께서 보낸 고통들이나 여러분을 이끌어 가시는 방법에 대해서도 불평해서는 안 된다. 오히려 다윗 왕처럼 "실로 내가 내 영혼으로 고요하고 평온하게 하기를, 젖 뗀 아이가 그의 어머니 품에 있음 같게 하였나니, 내 영혼이 젖 뗀 아이와 같도다"(시 131:2)라고 고백하며 기다리기를 배워야 한다. 이사야 선지자는 "자기를 지으신 이와 더불어 다툴진대 화 있을진저, 진흙이 토기장이에게 '너는 무엇을 만드느냐?' 말할 수 있겠느냐"(사 45:9; 참조. 욥 9:15; 42:3; 애 3:28-29)이렇게 외쳤다. 그레고리는 "자신이 받는 고난에 대해 불평하는 것은 고난을 주는 이의 정당함을 비난하는 것일 뿐입니다. 매에 대해 불평하는 것은 매를 든 창조주보다 자신이 더 깨끗하다고 여기는 것이죠. 그리고는 그 분을 자신보다 낮게 여기며 시련에 관한 그 분의 결정을 비판하게 됩니다."라고 말했다.

다음으로, 영혼에 위로가 찾아올 때 이를 거부해서는 안 된다. 라헬은 자녀들로 인해 눈물을 흘리면서도, 주변의 위로를 거부했다. 야곱은 그의 아들 요셉을 잃은 슬픔에 대해 위로 받는 것을 거부했고, 아삽도 마찬가지였다. 우리는 예레미야처럼 "낫지 아니함은 어찌 됨이니이까" 고백해야 한다. 혹은 욥과 같이 "내게 가르쳐서... 깨닫게 하라, 내가 잠잠하리라. 좋은 말이 어찌 그리 고통스러운고" 말할 수 있어야 한다(욥 6:24-25).

세 번째로 주의할 사항은, 하나님의 말씀을 통해 발견할 수 있는 위로에 관한 가르침을 의심하거나 불신해서는 안 된다. 다윗은 놀라서 "모든 사람이 거짓말쟁이"라고 말하는 실수를 범하였다(시 116:11). 이 의미는 이미 충분히 설명된 것을 반대하거나 회피하려 시도해서는 안 된다는 것이다. 마치 반대를 위한 반대만을 고집해온 것처럼 말이다.

마지막으로, 우리의 영혼이 이미 구원받은 상태에 있다는 사실을 의심하고 없애려는 태도를 주의해야 한다. 그러한 태도는 사도 바울이 "내가 헐었던 것을 다시 세우면"이라고 말한 것과 비슷한 행동이다(갈 2:18).

그렇다면 우리가 하나님의 위로를 기다리며 지켜야 할 사항들은 무엇일까? 하나님께서 약속하신 위로들을 마음에 품을 뿐 아니라, 마음 문을 열고 이슬처럼 내려오는 하늘의 위로를 기다려야 한다. 그래서 우리의 영혼이 그 이슬에 흠뻑 젖어야 하고, 생명수가 터져 나오듯 위로가 흘러나와야 한다. 하지만 어떠한 결정을 내리기까지, 다시 말해 그 결정에 합당한 상태가 되기까지는 부담이 따르기 마련이다. 그렇기 때문에 스스로를 내어 던져 영혼이 결정을 내릴 수 있도록 도와야 한다. 예수께서는 막달라에서 온 제자에게 말씀하시며 이러한 사실을 잘 주지시키셨다. 마찬가지로 우리도 고난을 겪고 있는 영혼에게 이렇게 말해야 한다. "마리아여, 의에 주리고 목이 마른 자는 복이 있느니라. 나는 의에 주린 자이니, 그러므로 나는 복이 있는 자이니라." 이제 많은 사안들이 여기서 도출된 결론("그러므로 나는 복이 있는 자이니라")에 좌우된다. 따라서 영혼도 이를 분명히 인식하기 위해, 우리는 대전제 "의에 주린 자는 복이 있다"는 것과 소전제 "나는 의에 주린 자"라는 것을 우리 영혼에게 지속적으로 설득하는 과정이 필요하다. 우리의 영혼이 대전제와 소전제를 보다 명확히 인식할수록 "그러므로 나는 복이 있는 자"라는 결론이 확고해지게 되는 것이다. 이 결론이 우리 영혼을 견고히 떠받치도록 하여, 그 진리를 놓치지 말고 받아들이도록 해야 할 것이다.

우리는 하나님의 위로를 받기에 합당한 상태로 만들기 위해, 우리 내면의 영혼에게 읊조리고 고백하는 것이 매우 중요하다. 성경에는 믿음의 조상들도 이러한 방법을 사용했음이 기록되어 있다. 다윗은 시편 103:1을 통해 "내 영혼아 여호와를 송축하라. 내 속에 있는 것들아, 다 그의 거룩한 이름을 송축하라"고 고백하였다. 62:5에서는 "나의 영혼아, 잠잠히 하나님만 바라라"고 하였다. 마리아는 엘리사벳에게 "내 영혼이 주를 찬양하며" (눅 1:46)이렇게 말했다.

시편 기자는 고난 가운데 "내 영혼아 네가 어찌하여 낙심하며 어찌하여 내 속에서 불안해하는가 너는 하나님께 소망을 두라 그가 나타나 도우심으로 말미암아 내가 여전히 찬송하리로다"(시 42:5)라고 묻는다.

다윗은 시편 16:2을 통해 자신의 영혼에게 "내가 여호와께 아뢰되, '주는 나의 주님이시오니.'"라고 또 다시 외친다. 솔로몬은 전도서 2:1에서 "나는 내 마음에 이르기를" 하였고, 예레미야는 4:19에서 "나의 심령이 나팔 소리와 전쟁의 경보를 들음이로라," 애가 3:24에서는 "내 심령에 이르기를, '여호와는 나의 기업이시니'" 하였다. 다윗은 시편 143:5에서 "주의 모든 행하신 것을 읊조리며" 라며 기도하기도 했다. 이러한 것들이 바로 영혼이 읊조린다는 것이다. 또한, 우리 내면의 영혼을 향해 고백해보는 것도 좋은 방법 중의 하나이다. 고대의 어느 작가는 "사유하는 혼아 들으라, 이성의 동반자여 귀를 기울이라. 내가 너에게 이르는 것은 은밀한 것이니, 곧 너와 나에 관한 것이라."이렇게 기록했다.

그뿐만 아니라, 우리는 쉬지 않고 거룩한 성례전에 관해 진지하게 숙고해야 한다. 거룩한 침례와 성만찬을 통해 우리에게 주시기로 약속하신 하나님의 은혜를 누릴 수 있기 때문이다. 그렇기에 사도들은 갈라디아서 3:27, 에베소서 4:5, 베드로전서 3:21 등을 통해 신자들이 지속적으로 성례전을 상기하도록 권고하는 것이다. 이러한 의미로 사도 바울은 로마서 6:3을 통해 "무릇 그리스도 예수와 합하여 침례를 받은 우리는, 그의 죽으심과 합하여 침례를 받은 줄을 알지 못하느냐"라고 한 것이다.

"하지만 저는 그 동안 아무런 가치도 모른 채 성례전을 행해왔습니다. 결국 제 안에서 아무런 열매도 맺지 못했습니다." 누군가 이렇게 고백하며 또 다시 하나님의 위로를 반대하려 하겠지만, 자신이 성례전을 무가치하게 여겼다는 사실을 슬퍼하고 두려워하는 그 자체가 이미 그 사람 안에서 성례전이 영향을 미치고 있음을 보여준다. 이것이 바로 성례전의 기능인 것이다. 게다가, 우리의 마음이 성례전을 바라고, 성례전을 보다 가치 있게 행하고자 애쓰는 것은 좋은 조짐이다.

마지막으로, 하나님께서 그의 종들에게 맡겨두신 능력의 열쇠를 언급하고자 한다. 하나님의 명령과 그의 거룩한 이름으로 인해, 그들은 고난에 지친 영혼에게 죄 사함을 선포할 수 있다. 천국 열쇠를 통해 위로를 바라는 영혼들에게 위로를 가져다 줄 수 있는 것이다. 이 위로는 확실하고 분명한 것으로 천국 열쇠를 전해 받은 그들 스스로도 위로를 찾는 수단이 된다(마 16:19; 요 20:23). "그리스도의 일꾼이요, 하나님의 비밀을 맡은 자"들은 자유와 구원을 선포해야만 하는 강력한 이유와 견고한 반석을 가지고 있다. 주님의 명령과 주님께서 허락하신 권한이 바로 그것이다. 그러한 선포는 분명 영혼에 큰 영향을 끼칠 것이며, 우리가 지금까지 언급한 위로를 확증해 줄 것이다.

SPIRITUAL
Depression&Recovery

SPIRITUAL
Depression & Recovery

12장 우리는 무엇을 경계해야 하는가?

우리가 영적 침체를 이겨내고 구원을 얻기 위해 사용할 수 있는 방법

chapter 12

우리는 지금까지 고난 가운데서 영혼을 소생시키는 위로의 특성에 대해 논의했다. 이제는 우리가 영적 침체를 이겨내고 구원을 얻기 위해 사용할 수 있는 방법에 대해 알아보고자 한다. 어쩌면 의문이 생길 수도 있을 것이다. "길르앗에는 유향이 있지 아니한가? 그곳에는 의사가 있지 아니한가?" 혹은, "그러한 방법은 무엇이며, 어디에 있을까?"라고 의아해 하거나, 도마가 예수님께 물었던 것처럼 "그 길을 어찌 알겠사옵나이까?"라며 반문할지도 모른다.

이 문제를 다루며, 우리의 건강을 증진시키거나 생명을 연장시켜주는 물리적 방법에 대해서는 언급하지 않으려 한다. 이러한 것들은 질병이나 다른 외적 요인에 의해 쉽게 손상되거나 약화되기 때문이다. 오히려 "영적인 일은 영적인 것으로"(고전 2:13)라는 사도 바울의 충고처럼 영적인 문제로 고민하는 사람에게 영적인 방법을 제시하고자 한다. 우리에게 주어지는 위로가 그렇듯이, 위로를 얻기 위한 방법도 모든 종류의 시험에 적용할 수 있는 일반적인 것과 영적 침체 가운데 몸부림치는 이들을 위한 특별한 것으로 나뉜다.

먼저, 우리가 경계해야 할 것들은 악하거나 잘못된 것, 혹은 선한 방법을 저해하는 요소들이다. 우리의 영혼이 온갖 종류의 유혹에 노출되어 있음으로 인해, 주변에서 발견할 수 있는 악하고 잘못된 것들을 해결책으로 오해하는 일이 발생한다. 주님께서 떠나자 사울이 "엔돌에 신접한 여인"을 찾아간 사건처럼 말이다. 때로는 배교를 하거나 이교에 마음을 빼앗기기도 한다. 가룟 유다와 같이 자신이 처한 상황에서 잠시라도 벗어나고자 자신의 목숨을 버리는 일도 생긴다. 로마 가톨릭 수도회인 예수회의 창설자 이냐시오 데 로욜라 (Ignatius de Loyola)는 내면의 잃어버린 평화를 되찾기 위해 이레 동안 먹고 마시는 일을 끊었다고 전해진다.

하지만 이러한 시도들은 모두 잘못된 것이다. 가증스럽고 역겨운 것으로 우리가 경계하고 배척해야 할 것들이다. 그래서 주님께서 엘리야를 통해 사마리아 왕의 사자에게 "이스라엘에 하나님이 없어서 너희가 에그론의 신 바알세붑에게 물으러 가느냐" (왕하 1:3) 라고 물으셨다.

이사야의 입을 통해서는 "나, 곧, 나는 여호와라. 나 외에 구원자가 없느니라"고 선포하셨다(사 43:11). 시편 기자는 말하기를, "내 백성이여 들으라, 내가 네게 증언하리라. 이스라엘이여, 내게 듣기를 원하노라. 너희 중에 다른 신을 두지 말며, 이방 신에게 절하지 말지어다"(시 81:8-9)고 했다. 그렇기에 하나님의 백성은 "우리 주의 이름은 만군의 여호와, 이스라엘의 거룩한 이요!"라고 고백해야 하는 것이다.

중세 네덜란드 신학자 빌럼 바우달티우스(Willem Baudartius)는 그루체나흐 출신의 니콜라스 박사(Doctor Nicholas of Greutzenach)를 인용하며 이렇게 설명한다. 경건한 사람이었던 니콜라스는 임종을 기다리며 자신의 죄로 인해 크게 낙심해 있었다. 위로를 얻고자 이런저런 방법을 강구해본 후, 그는 결국 자신의 행위에 기대게 된다. 하루도 빠짐없이 미사를 드렸던 것, 가난한 사람을 도와준 것, 육체의 고행을 쉬지 않았던 것, 회심한 여인들을 위한 수도원을 지은 것 등을 하나님 앞에 내어놓았다. 그러나 아무런 위로를 얻지 못한 채, 니콜라스는 큰 두려움을 느끼고 이렇게 외치곤 했다. "이런 것들이 아무런 도움이 안 된단 말인가?" 결국 그는 큰 한숨과 눈물 속에서 "나의 죄와 죽음과 지옥에 대한 두려움 앞에서 위로를 줄 수 있는 것이 아무것도 없단 말인가요? 오 나의 주 하나님, 저를 도와주옵소서. 나를 위해 십자가에서 돌아가신 예수님을 생각해서라도 저를 불쌍히 여겨 주옵소서." 라고 고백한다. 이렇게 고백하고 나자 니콜라스는 큰 위로와 새로운 힘을 얻게 되었고 주님 안에서 평안히 생을 마감하였다.

우리는 특별히 세 가지 문제에 있어 경계를 늦추어서는 안 된다. 첫째로, 우리의 영혼을 공격하고 상하게 하는 모호하고 왜곡된 생각, 까다롭고 부적절하며 무서운 생각들을 멀리해야 한다. 욥은 애통해하며 "주께서 꿈으로 나를 놀라게 하시고, 환상으로 나를 두렵게 하시나이다" (욥 7:14) 말했다.

다윗은 "작은 소리로 읊조릴 때에 불이 붙으니"(시 39:3)라고 하였고, 아삽은 "내가 하나님을 기억하고 불안하여 근심하니 내 심령이 상하도다"(시 77:3)라고 말하였다. 우리의 생각이 우리의 영혼을 지배하여, 다스리려 하고, 상하게 하며, 마음대로 주무르지 않도록 해야 한다. 그리고는 "너희의 인내로 너희 영혼을 얻으리라"(눅 21:19)는 그리스도의 말씀처럼, 우리의 마음과 생각을 다스리는데 힘써야 할 것이다. 비록 말에 고삐를 매고 재갈을 물려놨더라도, 이리저리 날뛰거나 아무데나 가지 않도록 하기 위해서는 그 말을 잘 통제해야 하는 것처럼, 우리의 영혼에도 재갈을 물리고 모든 행동에 고삐를 매어 충동적인 욕구와 생각, 욕망이 가득한 성향을 잘 통제해야만 한다. 이 부분에 대해 선지자 예레미야는 "예루살렘아 네 마음의 악을 씻어 버리라 그리하면 구원을 얻으리라 네 악한 생각이 네 속에 얼마나 오래 머물겠느냐"(렘 4:14) 라고 충고한다.

또한 잠언 기자는 우리에게 현명한 조언을 준다.

모든 지킬 만한 것 중에 더욱 네 마음을 지키라 생명의 근원이 이에서 남이니라 (잠 4:23)

모든 것 중에 특별히 마음을 지켜야만 하는 이유는 온간 종류의 공격에 노출되어 있기 때문이다. 창세기 15장에서, 아브라함은 자신의 예물을 지키고자 계속해서 솔개를 쫓아내었다. 제롬은 "우리는 다른 무엇보다도 마귀를 경계하는데 힘써야 합니다"라고 하였고, 어거스틴은 마귀가 지속적으로 자신의 영혼에 더러운 것과 악한 생각들을 가지고 와서는 혼란에 빠뜨린다고 고백하였다. 또 어떤 신자는 "나의 주 하나님, 저는 큰 고통 속에 있습니다. 이 가운에 제가 애통해 하는 것은, 수많은 해로운 생각들이 저를 혼란스럽게 하고 자꾸만 주님으로부터 멀어지게 한다는 것입니다. 이 격렬하고 위험한 내면의 싸움이 바로 제 코앞에 닥쳤습니다." 이렇게 기도했다. 4세기 시리아의 찬송가 작자이자 신학자로 잘 알려진 에브라임(Ephrem the Syrian)은 "종종 추잡한 생각이 여러분을 고통스럽게 할 것입니다. 이로 인해 여러분은 슬픔에 빠질 것이고, 하나님께 이 싸움에서 벗어나게 해달라고 기도드릴 것입니다. 그러나 형제여, 이러한 고통은 여러분에게 유익하기도 합니다. 여러분이 교만해지지 않고 스스로를 겸손케 하도록 찾아오는 것이기 때문입니다." 이렇게 말했다. 때로는 주 하나님에 대한 해로운 생각들, 다시 말해 믿음에 관한 끔찍한 망상과 하나님에 관한 헛된 상념들이 영혼에 찾아올 것이다. 그리고 는 영혼을 상하게 하고 그 사람을 죽이려고 덤벼들 것이다. 이런 경우 앞에서 언급한 존 다우네임과 로버트 볼튼의 책을 읽어보길 바란다.

우리는 여기서 좀 더 세밀하게 구분하여 살펴볼 필요가 있다. 마귀가 우리 영혼에 불어 넣는 것과 이에 대항해 우리의 마음속에 생기는 것으로 말이다. 누군가 마음속에 끔찍한 생각을 품게 되더라도 그것을 바로 죄로 여겨서는 안 된다. 사도 바울이 설명했듯이 "만일 내가 원하지 아니하는 그것을 하면, 이를 행하는 자는 내가 아니요, 내 속에 거하는 죄"이기 때문이다(롬 7:20). 여성이 자신의 의지와는 상관없이 능욕을 당하거나, 예레미야가 강제적으로 이집트로 끌려갔던 것과 마찬가지이다. 영적 시련 가운데 고통을 당하는 것은 그 사람의 죄가 아니라 그 죄를 범하는 사람 자신이다. 따라서 자기의 마음에 생기는 악한 생각에 대항하고자 할 때, 그 사람은 두려움에 휩싸이거나 비탄에 빠지기도 한다. 악한 생각으로 인해 굴욕을 당했지만, 그러한 생각이 그 마음에서 저절로 생긴 것은 아니다. 그렇기에 우리의 마음속에 생겨난 악한 생각을 죄로 간주하기보다는 우리 영혼이 짊어져야 할 십자가로 바라보아야 하는 것이다.

이 문제를 이렇게 구분하는 것은 앞서 언급한 신학자들이나 다른 신학자들에 의해 확고히 유지되었다. 그레고리는 이 문제를 매우 세심하게 다뤄야 한다고 언급했다. 끔찍하고 악한 생각을 오래 간직하거나 숙고해서는 안 되고, 지리멸렬하게 논쟁을 지속해서도 안 되며, 단순히 부정해서도 안 된다. 그러한 생각을 인식하는 즉시 예수님처럼 "사탄아, 물러가라! 기록되었으되"라고 선포하고 물리쳐야 하는 것이다. 시나이 산에서 생활했던 7세기의 수도사 요한 클리마쿠스(St. John Climacus)는 "우리가 비방으로 인해 낙담하여 있고, 구원만을 기다리고 있을 때, 그러한 악한 생각이 영혼으로부터 나온 것이 아니라 과거 예수님을 시험하려 했던 더러운 영이 우리 안에 불어넣은 것이라는 사실을 확신하기 바랍니다. '만일 내게 엎드려 경배하면 이 모든 것을 네게 주리라'고 사탄이 속삭일 때, 우리는 그것에 귀 기울이지 말고, '사탄아, 물러가라!'고 담대히 선포해야 합니다."라고 설명한다. 우리 안에서 악한 생각이 싹트자마자, 그것을 깎아내야 한다. 제롬의 말을 빌리자면, 이러한 생각이 우리 안에서 자라나지 못하도록 해야 하는 것이다. 볼튼은 우리가 이런 상황에서 마귀에게 이렇게 답해야 한다고 충고한다.

"하나님의 영광과 내 영혼의 평화에 대적하는 너 마귀여, 나와 네 자신을 헛되이 뒤흔드는구나. 그러나 나는 이렇게 고백할 것이다. 창조주 하나님, 구원자 하나님, 그 분은 측량할 수 없이 영화로우며, 지혜롭고 자비하신 하나님이시다. 저 천국은 거룩과 축복이 가득한 곳이며, 이 세상의 피조물은 하나님의 손으로 선하게 창조되어 그 분의 능력과 지혜, 선하심을 증거하는구나. 성경은 매우 거룩한 진리의 책으로, 하늘의 지혜와 지식이라는 풍성한 보화를 담고 있도다. 마귀너에 대해서는 이렇게 고백하련다. 너는 저주받은 자요, 죄와 파괴와 고통의 유일한 창시자요, 너와 네게 속한 모든 것들은 그 가운데 거하리라. 그러니 아버지 하나님과 구원자, 그리고 위로자에 관한 나의 겸손한 생각과 경배하는 마음에 너의 사악함을 섞지 말지니라."

독일 하이스터바흐 출신 체자리우스(Caesarius of Heisterbach)는 우리가 악한 생각을 보다 효과적으로 쫓아내기 위해 부지런히 선한 생각을 품으라고 충고했다. 로마 가톨릭 신자들은 시에나의 성녀 카타리나(Saint Catherine of Sienna)에 관해 이렇게 말한다. 마귀가 그녀를 시험하며 더 이상 견딜 수 없을 것이라고 속삭이자, 그녀는 단지 "나는 내 자신의 힘이 아닌, 우리 주 예수 그리스도를 의지한다."라고 대답했다. 더 이상 아무 말도 하지 않았다. 카타리나는 주변의 친구들에게 마귀는 지혜로운데다가 누군가를 속이기 위해 오랜 시간 연습했습니다. 누군가와 말을 섞는 그 순간 마귀는 자신의 승리를 예견하게 되죠. 고결한 여인이 불순한 남자를 멀리하듯, 순결한 영혼은 마귀로부터 벗어나 신랑 되신 그리스도께 다가가야 합니다."이렇게 충고하였다. "마귀가 다가와 시험코자 하면 논쟁해서는 안 된다고."

우리가 경계를 게을리 해서는 안 되는 두 번째 문제는, 고난의 때에 하나님께서 우리를 부르신 소명을 멈추지 말고 성실히 행하는 것이다. 사탄은 언제나 우리가 소명을 다하지 못하도록 유혹하려 한다. 우리가 아무것도 하지 않고 앉아 있을 때, 사탄은 우리에게 보다 쉽게 다가올 수 있고, 우리의 마음이 사탄에게 더 활짝 열리기 때문이다. 그렇기에 우리는 항상 우리의 소명을 다하기 위해 부지런히 애쓰며, 여기에 익숙해지고 합당해지도록 해야 하는 것이다. 제롬은 우리에게 이러한 교훈을 준다. "항상 무언가를 하십시오. 그리하여 마귀가 항상 여러분이 바쁘다고 생각하도록 하십시오." 어떤 사람은 아무것도 하지 않고 시간을 보내는 것이 마귀에게 무슨 이익이 될까 생각할지도 모른다. 하지만 우리가 무언가에 바쁘게 지내는 것이 육체의 건강을 유지하는데 도움이 되듯, 우리의 영혼도 공허하게 앉아 있지 않도록 항상 경계를 늦추어서는 안 된다.

세 번째로, 우리는 정기적인 예배를 게을리 하지 않도록 주의해야 한다. 사탄은 우리가 선한 것에 혐오를 느끼고 부지런히 예배를 드리는 일에 반감을 갖도록 우리를 하나님으로부터 멀리 밀어내고자 끊임없이 애쓴다. 아삽이 고백했던 것처럼 "내가 내 마음을 깨끗하게 한 것이 실로 헛되도다"라고 고백하게끔 만들려고 한다 (시 73:13). 그러나 우리가 항상 기억해야 할 것은 예배의 자리에 다른 어떤 것도 올 수 없다는 사실이다. 예배는 가장 필수적인 것이기에, 우리는 모두 예배를 최우선으로 삼고, 어느 누구도 등을 돌리는 일이 없도록 해야 한다. 보아스가 룻이 자기의 밭에서 떠나는 것을 원치 않았기에 "이삭을 주우러 다른 밭으로 가지 말며, 여기서 떠나지 말고, 나의 소년들과 함께 있으라"(룻 2:8)고 하였던 것처럼, 우리도 다른 곳이 아닌 하나님의 품에 머무르며 그곳에서 위로를 줍도록 해야 하는 것이다. 욥도 "내가 내 공의를 굳게 잡고 놓지 아니하리니 내 마음이 나의 생애를 비웃지 아니하리라" (욥 27:6) 이렇게 고백하였다.

또한 다윗은 "이는 내가 여호와의 도를 지키고, 악하게 내 하나님을 떠나지 아니하였으며"(시 18:21)라고 선포하였고, 다른 시편 기자는 "이 모든 일이 우리에게 임하였으나, 우리가 주를 잊지 아니하며, 주의 언약을 어기지 아니하였나이다"고 고백하고 있다(시 44:17).

예배의 일반적인 필요성은 차치한다 하더라도, 지금처럼 우리가 고난 가운데 있을 때에는 예배의 필요성이 더욱 커진다. 예배에 성실히 참여하는 것을 통해 우리가 이전에 누렸던, 하나님께서 주시는 기쁨을 다시 한 번 누리게 되기 때문이다. 하나님께서는 우리에게 "내가 곧 그들을 나의 성산으로 인도하며, 기도하는 내 집에서 그들을 기쁘게 할 것이며"(사 56:7)라고 약속하셨다. 기도하는 내 집 밖에서가 아니라 안에서라는 것은, 곧 예배 없이 가 아니라 예배와 함께를 의미하는 것이다. "만일 안식일에 네 발을 금하여 내 성일에 오락을 행하지 아니하고 안식일을 일컬어 즐거운 날이라, 여호와의 성일을 존귀한 날이라 하여 이를 존귀하게 여기고, 네 길로 행하지 아니하며 네 오락을 구하지 아니하며 사사로운 말을 하지 아니하면, 네가 여호와 안에서 즐거움을 얻을 것이라"(사 58:13-14). 솔로몬이 기록한 아가서의 신부가 하듯이, 우리는 그 사랑하는 이를 찾아 헤매며 순찰하는 자들에게 물어야 한다.

내 마음으로 사랑하는 자를 너희가 보았느냐 (아 3:3)

우리가 하나님의 은혜를 느끼고 있을 때보다, 영적 침체에 빠져 메말라가고 있을 때 드리는 예배가 더 깊이 뿌리를 내리고 좋은 훈련이 된다. 이 과정을 통해 우리는 자신을 내려놓고 예배를 통해 주어지는 하나님의 순전한 사랑을 체험하는 법을 배운다. 중요한 것은 우리 자신이 아니라 하나님이라는 것을 깨닫게 되는 것이다.

16세기 프랑스 블와 출신 수도사, 프란체스코 루이(Francis Louis of Blois)는 이렇게 말했다.

"고난 가운데 있는 자가 무언가를 할 수 있다는 것, 비록 그것이 그를 다시 소생케 하지는 못하더라도, 그가 할 수 있는 것을 행함이 하나님께 기쁨이 됩니다. 그리고 이런 고백을 드려야 합니다. '주님, 마지막 날까지 하나님의 위로 없이 견뎌야 하는 것이 주님의 뜻이라면 기꺼이 그리하겠나이다. 하나님의 은혜와 순전한 사랑을 의지하여 그 모든 것을 견딜 각오를 하겠나이다.'"

루이는 계속해서 이렇게 설명한다.

"하나님과의 동행을 느끼고 그 분으로 인해 기쁨을 맛보고 있을 때에만 자신의 행동과 예배가 하나님을 기쁘시게 한다는 생각은 크게 잘못된 것입니다. 진정한 완성은 하나님의 임재나 하나님의 위로를 우리가 얼마나 경험하고 있는지에 달려있지 않기 때문이죠. 오히려, 우리가 쥐고 있는 것들을 내려놓을 때 진정한 완성을 보게 됩니다. 하나님의 사랑과 무관한 것을 버리고 우리 자신을 절제하며, 우리의 의지를 하나님의 뜻에 맞추어야 합니다. 그리고 하나님을 붙들고 그 분과 하나가 되어 어떠한 상황에서도 평온과 안정을 유지하는 것, 바로 여기에 진정한 완성이 있습니다."

때때로 다음과 같이 반문하며 예배를 드려야 한다는 사실에 "왜 제가 여전히 예배를 드려야 하죠? 성경을 읽거나 선포되는 말씀을 들을 때, 혹은 기도를 통해 하나님께 나아갈 때 내게 엄습하는 두려운 생각은, 예배를 멈추지 않고 드림으로써 오히려 죄를 범한다는 사실입니다. 예배를 지속적으로 드림으로 죄를 경감한다기보다는 더 무겁게 한다는 생각으로 가득 차게 되죠."라고 반대하는 사람도 있다. 우리에게 찾아오는 악한 생각들에 대해서는 앞서 언급하며, 그것들이 우리가 감당해야 할 짐이라는 사실에 애통할 수는 있지만, 사실 죄에서는 자유하게 됨을 알아보았다. 예배를 드리는 것에 관해서는 마귀가 우리를 예배에서 떼어놓지 않도록 해야 한다는 사실을 상기하자. 마귀의 주된 목표는 우리를 유혹하여 자기의 말을 듣도록 하는 것이다. 예배를 완전히 멀리하게 하거나, 이게 아니면 조금이라도 더 예배를 게을리 하도록 한다. 그러니 언제나 "강하고 담대하라." 마귀를 멀리하고 항상 예수님께서 휘두르셨던 무기, "기록되었으되"라는 말씀의 무기를 쓰도록 하라. 단 한 번에 그치지 말고 지속해서 이 무기를 사용함으로써, 우리는 이 말씀 속에 거하게 되고 마침내 예수님처럼 승리를 경험하게 될 것이다.

이에 마귀는 예수를 떠나고 천사들이 나아와서 수종드니라

(마 4:11)

SPIRITUAL
Depression&Recovery

13장 우리는 무엇을 준비해야 하는가?

영적 침체를 이겨내기 위해 어떤 선한 방법을 사용하기 이전에 선행되어야 할 것

chapter 13

이제는 우리가 영적 침체를 이겨내기 위해 어떤 선한 방법을 사용하기 이전에 선행되어야 할 것이 무엇인지 알아보자. 이 가운데 가장 먼저 언급하고자 하는 것은, 우리 자신과 우리의 죄를 철저히 돌아봐야 한다는 것이다. 이렇게 함으로써 우리에게 주어질 선한 도구가 자연스레 흘러오게 된다. 스바냐 선지자는 이러한 자기 성찰을 통해 여호와를 찾고, 공의와 겸손을 구하며, 여호와의 분노의 날을 기억하라고 외치고 있다(습 2:3). 예레미야는 "네 행한 바를 알 것이니라"고 하였고(2:23), 다른 곳에서는 "내가 행한 것이 무엇인고?" 탄식하였다(8:6). 다윗 왕은 3년간 기근이 발생하자 여호와 앞에 간구하며 왜 그런 기근이 일어났는지 묻는다. "여호와께서 이르시되, '이는 사울과 피를 흘린 그의 집으로 말미암음이니, 그가 기브온 사람을 죽였음이니라'"(삼하 21:1)라고 하신다. 예레미야는 에브라임의 탄식을 "주께서 나를 징벌하시매, 멍에에 익숙하지 못한 송아지 같은 내가 징벌을 받았나이다"(렘 31:18)라고 기록하고 있다. 에브라임은 다음 절에서 "내가 교훈을 받은 후에 내 볼기를 쳤사오니"라고 선포한다. 다윗은 "내가 내 행위를 생각"했다고 기록했고(시 119:59), 욥은

"무슨 까닭으로 나와 더불어 변론하는지 내게 알게 하옵소서" 말했다(욥 10:2).

다음으로, 우리의 죄에 대한 새롭고 솔직하고 경건하며 올바른 고백이 있어야 한다. 시편 32과 51편에서 다윗은 고난 가운데 왜 그렇게 크게 두려워했는지 설명하고 있다. 시편 32편에서 고백하기를, "내가 입을 열지 아니할 때에 종일 신음하므로 내 뼈가 쇠하였도다. 주의 손이 주야로 나를 누르시오니, 내 진액이 빠져서 여름 가뭄에 마름 같이 되었나이다. 내가 이르기를, '내 허물을 여호와께 자복하리라' 하고, 주께 내 죄를 아뢰고 내 죄악을 숨기지 아니하였더니, 곧 주께서 내 죄악을 사하셨나이다"(시 32:3-5) 하였다.

바우달티우스는 교회에 적대적이었던 어느 부자에 관해 이야기한다. 부자는 병들어 내적 싸움을 하며, 한 목회자에게 자신을 심방해 달라고 요청했다. 그 부자는 목회자가 자신을 위로해 주리라 생각했던 것이다. 목회자는 부자에게 자신의 죄를 고백하라고 촉구했지만 그를 설득할 수 없었다. 다음 번 심방에서도 부자는 여전히 자신의 죄를 고백하지 않으며 목회자에게 위로를 주는 시편을 한 구절 읽어달라고 부탁했다. 목회자는 부자의 이런 요청을 수락했고, 마치 하나님께서 신비하게 인도라도 하신 것처럼 시편 32편을 펴게 된다. 시편을 다 읽은 후, 하나님께서 그렇게 인도하셨다는 기쁨과 놀라움을 설명했고, 본문에서 위로가 될 만한 몇 가지 생각을 도출해서 나누었다. 부자는 마침내 울면서 이렇게 고백했다. "마치 주님의 손이 저를 짓누르고 있는 것 같습니다. 그래서 내 뼈가 닳아 없어지고, 내 힘이 전부 소진될 것만 같습니다. 이는 분명 내가 내 죄에 대해 침묵으로 일관했고, 하나님과 사람들에게 숨기려고 했기 때문일 것입니다. 이제 내가 얼마나 끔찍한 죄를 지었는지 하나님과 그의 천사들, 하나님의 종인 당신 앞에서 고백하고자 합니다. 내가 지은 죄에 대해 애통하고 이를 고백했다는 것을 목사님뿐 아니라, 다른 모든 목회자 분들도 공개적으로 선언해 주십시오. 제가 이전에 비해 얼마나 좋아졌는지! 나를 여기까지 인도해주신 하나님께 그저 감사드릴 따름입니다. 이제야 나의 양심이 안식과 평화를 얻습니다." 그리고 얼마 지나지 않아, 부자는 평안히 눈을 감았다. 그렇다. "만일 우리가 우리 죄를 자백하면, 그는 미쁘시고 의로우사 우리 죄를 사하시며, 우리를 모든 불의에서 깨끗하게 하실 것"(요일 1:9)이다.

세 번째로, 지금부터 경건하고 바르게 살려는 강하고 굳은 의지가 있어야 한다. 이러한 의미에서 다윗은 "내가 범죄자에게 주의 도를 가르치리니"라고 고백하고 있고(시 51:13), "내가 주의 이름을 형제에게 선포하고 회중 가운데서 주를 찬송하리이다"라고 선포하는 것이다(시 22:22). 마찬가지로 여호수아는 "오직 나와 내 집은 여호와를 섬기겠노라"고 선언했다(수 24:15).

네 번째로, 우리는 종교에 관한 완전한 지식과 가르침, 그리고 하나님의 은혜와 구원에 관한 온전한 지식을 얻고자 매진해야 한다. 특별히 양심에 관한 문제를 세심하게 알아야 한다. 또한 성령 역사의 본질과 특성을 바로 알고, 우리 자신뿐 아니라 다른 이들의 경험과 언급에 귀를 기울일 필요가 있다. 사도 바울이 빌립보 교회의 성도들에게 편지한 것처럼, 우리는 이러한 지식을 통해 우리의 "사랑을 지식과 모든 총명으로 점점 더 풍성하게" 할 수 있는 것이다(빌 1:9).

프랑스 개혁주의 신학자였던 프란쯔 유니우스 교수(Franz Junius)는 림부르크주에서 근 13년을 극심한 절망 속에서 살아온 한 여인을 알게 된다. 사제들이 악령을 내어 쫓은 후에 더 이상 도와줄 수 없게 되자 유니우스 교수에게 데려온 것이다. 그녀는 자신과 아홉 자녀들이 영원히 저주받은 운명이라며 울부짖곤 했다. 이웃 주민들은 그녀가 고된 집안일을 핑계로 미사에 자주 빠졌기에 그런 곤경에 빠지게 되었다고 했다. 유니우스 교수는 그녀에게 미사에 대해 가르치며 미사에 참석하지 않은 것이 죄가 되지는 않는다고 설명했다. 그리고는 이제부터 어떻게 살아가야 하는지 설명했다. 놀랍게도, 그녀는 이 가르침으로 인해 평온을 되찾게 되었다.

이것은 종교에 관한 온전한 가르침이 무엇을 이룰 수 있고 얼마나 중요한지 잘 보여주는 사건이다. 우리 자신을 살펴봄으로써 깨닫는 사실은, 우리 영혼이 얻게 되는 수많은 짐들이 종교에 관해 무지하고 경험해보지 못했기에 생긴다는 것이다. 공교롭게도, 대부분의 사람들이 종교 생활을 시작하며 처음으로 배워야할 신앙의 기초들을 제대로 이해하지 못하고 있다.

SPIRITUAL
Depression & Recovery

14장 하나님의 위로를 얻기 위해
허락된 방법

고난을 이겨내고 위로를 얻을 수 있도록 우리에게 허락되는 방법

이제 우리는 영적 침체와 고난을 이겨내고 위로를 얻을 수 있도록 우리에게 허락되는 방법이 무엇인지 알아보자.

첫 번째, 만족함이다. 우리가 계속해서 무가치한 모습으로 살아가더라도 우리에게 허락하신 하나님의 은혜의 선물과 영적인 축복들에 만족하는 법을 배워야 한다. 그리고 영적인 삶에 관하여 사도 바울처럼 고백할 수 있어야 한다.

> 어떠한 형편에든지 나는 자족하기를 배웠노니 나는 비천에 처할 줄도 알고 풍부에 처할 줄도 알아 모든 일 곧 배부름과 배고픔과 풍부와 궁핍에도 처할 줄 아는 일체의 비결을 배웠노라 내게 능력 주시는 자 안에서 내가 모든 것을 할 수 있느니라 (빌 4:11-13)

두 번째, 인내이다. 미가 선지자의 고백처럼, 우리는 하나님의 손길을 참을 줄 알아야 한다.

내가 여호와께 범죄하였으니 그의 진노를 당하려니와

(미 7:9)

혹은 예레미야처럼 "혼자 앉아서 잠잠할 것은 주께서 그것을 그에게 메우셨음이라"고 증거할 수 있어야 한다(애 3:28; 참조. 롬 5:3; 약 1:3; 벧전 1:6).

"때때로 홀로 고독하게 지내는 것이 권해지기도 하지만, 어느 때는 그렇지 않습니다. 어떤 충고를 따라야 합니까?"라는 질문을 받기도 한다. 우리의 감정이 충분히 강하여 외부 공격에 얼마든지 버틸 수 있고, 하나님의 은혜와 성령의 능력으로 강건하다면 얼마든지 홀로 견딜 수 있음을 기억하기 바란다. 종교적 수행을 완성하고 더 많은 열매를 얻고자 할 때도 마찬가지이다. 터툴리안은 이렇게 설명한다. "우리 주 예수 그리스도께서도 홀로 있기를 자주하셨습니다. 보다 자유롭게 기도하시고 세상으로부터 방해를 받지 않으시기 위해서였습니다. 게다가 외진 곳에서 자신의 영광을 제자들에게 보여주시기까지 하셨습니다." 창세기 24:63을 보면 이삭은 날이 "저물 때에" 묵상을 하기 위해 들로 나갔다. 저물 때에, 즉 아무도 없는 적막한 때에 기도하기 위해 들로 나갔던 것이다. 이것을 어거스틴은 "홀로이, 그 혼자서, 자신과 하나님 한 분외에는 완전히 적막한 때에."라고 설명한다. 에티오피아 내시가 이사야의 글을 읽고 있을 때, 하나님의 천사는 빌립을 인도하여 에티오피아 내시를 가르치도록 하였다. 이것은 모두 "가사로 내려가는 길," 곧 "광야"에서 일어난 일이다. 빌립은 매우 외로운 지역에서 이를 행했던 것이다. 버나드는 "제가 하나님과 영으로 교제할 수 있는 것은, 주변에 그 누구도 없었기 때문입니다. 하나님께서는 우리가 세상으로부터 분리되어 조용한 곳에 있기를 바라십니다. 그렇기에 저는 사람들과의 공허한 수다를 멀리하여, 하나님을 제 심령 깊은 곳에 모실 것입니다." 자신이 처한 상황에서 이러한 고백을 할 수 있는 수준의 사람들에게는 홀로 있는 것이 적극 권장된다. 제롬은 이와 관련하여, "여러분 스스로를 아무도 모르는 고요한 곳에 거하게 하십시오. 그리고 신랑 되신 그리스도께서 그곳에 오셔서 여러분과 함께 시간을 보내도록 초청하십시오. 여러분은 그 분께 기도하고 고백하는 시간을 갖게 될 것이고, 그리스도께서는 여러분에게 응답하실 것입니다." 바실리우스, 성 암브로스, 크리소스톰 등 많은 이들이 이런 견해를 취하였다.

반면에 영적 싸움으로 인해 견고히 설 수 없는 이들은 하나님의 은혜로 강건해지기 힘들고 사탄의 유혹에 노출되어 있는 상태이다. 사탄은 주로 이들이 홀로 있는 틈을 타서 찾아오기에 이들에게 고독은 썩 좋지 않다. 사탄이 예수 그리스도를 찾아와 시험하려 했던 것은 그리스도께서 사막에 홀로 계실 때였다. 물론 영적 싸움을 하고 있는 이들의 슬픔과 부담감을 생각해보면, 그들이 고독가운데 하나님께 자신의 슬픔을 보다 자유롭게 내어놓을 수 있음을 이해할 수 있다. 그렇기에 그레고리는 "외로움이 더할수록 은혜가 더합니다"고 말하였고, 예레미야도 "내가 광야에서 나그네가 머무를 곳을 얻는다면 내 백성을 떠나 가리니"(렘 9:2)라고 고백했다. 다윗 왕도 한숨을 내쉬며 "만일 내게 비둘기 같이 날개가 있다면 날아가서 편히 쉬리로다 내가 멀리 날아가서 광야에 머무르리로다"(시 55:6-7) 라고 읊조린다.

하지만 이들을 향한 사탄의 공격을 생각한다면, 고독은 그리 권할만한 것이 아니다. 그들의 영혼은 너무도 연약하여, 사탄의 공격을 홀로 견뎌낼 수 없기 때문이다.

그러므로 우리는 인내하며 영혼을 붙들어야 한다.

> 너희에게 인내가 필요함은 너희가 하나님의 뜻을 행한 후에 약속하신 것을 받기 위함이라 (히 10:36)

고난을 통해 우리의 영혼이 인내하는 법을 배우게 되면, 사도 바울이 말했던 환난이 인내를 이룬다는 말씀이 증거된 것이다. "그렇습니다. 내가 온 세상이 파괴되는 환난을 당한다 할지라도, 그것에서 인내하는 법을 배운다면, 그것으로 족합니다"라고 터툴리안은 말했다.

세 번째는 믿음이다. 우리는 믿음으로 우리의 마음을 지켜야 한다. 하박국 선지자는 이르기를, "의인은 그의 믿음으로 말미암아 살리라"고 하였고, 사도 바울은 히브리서 10:38에서 이를 다시 한 번 분명히 하였다. 또한, 바울은 갈라디아서 2:20 "이제 내가 육체 가운데 사는 것은 나를 사랑하사 자기 자신을 버리신 하나님의 아들을 믿는 믿음 안에서 사는 것이라"에서 자신의 믿음을 확인한다. 마틴 루터는 이 구절을 "그 어떤 것보다 '나를 사랑하사' 라는 용어에 집중하십시오. 그리고 마치 습관처럼 '나를 사랑하사' 라는 어휘를 믿음으로 받아들이십시오. 그것을 여러분에게 적용하고, 여러분도 '나를 사랑하사' 라고 고백할 수 있는 무리 중의 한 사람이라는 사실을 의심하지 말기 바랍니다."라고 주석한다. 다윗은 시편 31:14에서 "여호와여 그러하여도 나는 주께 의지하고 말하기를, 주는 내 하나님이시라 하였나이다"고 고백하였다. 이러한 믿음을 통해 우리는 "능히 악한 자의 모든 불화살을 소멸" 하고 "나라들을 이기"게 되는 것이다(엡 6:16; 히 11:33). 경건한 순교자이자 왈드루 카를리에르(Waldrue Carlier)의 미망인으로 알려진 한 여성은 1555년 찰스 5세의 명령에 따라 생매장 당하게 되자, 자신의 믿음을 "고작 이것이 왕이 제게 할 수 있는 전부입니까? 좋습니다! 하나님께서는 친히 각 사람의 분량에 따라 쓴 잔을 허락하시는 분이기에, 또한 저에게도 인내할 능력을 허락하실 것입니다."이렇게 드러냈다. 미힐 판 투르네(Michiel van

Doornik)도 1547년 화형대에 매달리며 "이 문제에 대해서 더 이상 생각해볼 필요가 없습니다. 내가 그 분을 위해 고통을 겪는 영광의 자리로 인도하신 분도 하나님이시요, 은혜를 허락하셔서 타오르는 불꽃의 고통을 견딜 수 있도록 도우실 분도 하나님이기 때문입니다." 이렇게 고백했다. 마틴 루터는 마귀가 우리에게 우리의 죄악을 낱낱이 보여줄지라도 "우리에게 믿음만 있다면, 용서받을 수 있다"고 하였다.

네 번째 방법은 소망이다. 우리는 주 안에서 소망을 견고히 붙잡아야 한다. 시편 기자는 "내 영혼아 네가 어찌하여 낙심하며 어찌하여 내 속에서 불안해하는가 너는 하나님께 소망을 두라 그가 나타나 도우심으로 말미암아 내가 여전히 찬송하리로다"(시 42:5) 라고 묻는다.

바울도 소망이 우리를 낙담케 하지 않는다고 언급했고, 유다의 승리를 기록한 부분 "유다 자손이 이겼으니 이는 그들이 그들의 조상들의 하나님 여호와를 의지하였음이라"(대하 13:18)에서도 이를 찾아볼 수 있다.

욥은 선포하기를 "그가 나를 죽인다 할지라도, 내가 어찌 희망을 품지 아니할까?"(욥 13:15). 또한 다윗은 시편에서 "나는 항상 소망을 품고, 주를 더욱더욱 찬송하리이다"(시 71:14) 하고 고백하였다.

다섯 번째, 기다림이다. 우리는 주님께서 우리를 찾아주시기를 기다릴 줄 알아야 한다. 하박국 선지자는 "내가 내 파수하는 곳에 서 며 성루에 서리라 그가 내게 무엇이라 말씀하실는지 기다리고 바라 보며… 비록 더딜지라도 기다리라, 지체되지 않고 반드시 응하리라" (합 2:1-3)라고 기록했다.

이사야는 "믿는 이는 다급하게 되지 아니하리로다"고 언급하며 (사 28:16) 주님을 기다리는 자들은 축복 받은 자들이라고 묘사한다. 이는 마치 베데스다 못에서 물이 움직이기를 기다리고 있는 병자들 의 무리와 같은 것이다(요 5:3). 이사야는 계속해서 "오직 여호와를 앙망하는 자는 새 힘을 얻으리니 독수리가 날개 치며 올라감 같을 것 이요" (사 40:31)라고 말한다.

이제 야곱의 집에 대하여 얼굴을 가리시는 여호와를 나는
기다리며 그를 바라보리라 (사 8:17)

그리고 미가 선지자는 "오직 나는 여호와를 우러러보며 나를 구 원하시는 하나님을 바라보나니, 나의 하나님이 나에게 귀를 기울이 시리로다"(미 7:7) 하였다.

주님을 앙망하며 그분께서 찾아오시기를 기다리는 자는, 마치 앉은뱅이가 사도들에 시선을 고정하고 "그들에게서 무엇을 얻을까 하여 바라보는 것"과 같다(행 3:5). 혹은 그리스도께서 사도들에게 명령하신 대로 "예루살렘을 떠나지 말고 내게서 들은 바 아버지께서 약속하신 것"을 기다리는 것과 같다(행 1:4).

여섯 번째로 우리가 사용할 수 있는 방법은 간구함이다. 우리는 하나님과 그리스도를 간구해야만 한다. 교회가 그리스도께 고백하듯 "마음으로 사랑하는 자를 찾았노라"며 간구해야 하는 것이다(아 3:1). 우리는 매사에 그 분을 찾고자 애쓰며, 그 분을 발견하고 붙잡을 수만 있다면 뭐든 해야 한다. 전심으로 찾고자 한다면 우리의 수고가 결코 헛되지 않을 것이기 때문이다. 주님께서 친히 "야곱 자손에게 너희가 나를 혼돈 중에서 찾으라고 이르지 아니하였노라"고 하셨고(사 45:19), "찾으라 그리하면 찾아낼 것"이라고 말씀하셨다(마 7:7; 참조. 신 4:29; 대하 15:2).

일곱 번째 방법은 기도이다. 우리는 무엇보다도 지속적인 기도를 통해 하나님께 요청하며 간구해야 한다.

스스로 낮추고 기도하여 내 얼굴을 찾으면 (대하 7:14)

또한 주님께서 예레미야를 통해 역설적으로 "그런즉 너는 이 백성을 위하여 기도하지 말라 그들을 위하여 부르짖어 구하지 말라 내게 간구하지 말라 내가 네게서 듣지 아니하리라"(렘 7:16) 말씀하셨다. 하나님께 기도드린다는 것은 그 분께 요구하며, 그 분을 단단히 붙드는 것을 의미한다. 게다가, 하나님께서는 우리의 기도로 인해 우리에게 형벌을 내리지 못하거나 진노를 발하지 못하기도 하신다.

> 그런즉 내가 하는 대로 두라 내가 그들에게 진노하여
>
> (출 32:10)

하나님께서 스스로 모세의 기도에 매이시기로 결심하신 것이다. 그러므로 우리가 영적 고난 가운데서 벗어날 수 있는 유일한 방법은 하나님께 지속적으로 기도 드리고 아뢰는 것이다. 다윗은 이를 잘 표현하였다.

> 주여 나의 모든 소원이 주 앞에 있사오며 나의 탄식이 주
> 앞에 감추이지 아니하나이다 (시 38:9)

므낫세에 관한 기사에서도 잘 나타난다.

> 그가 환난을 당하여 그의 하나님 여호와께 간구하고 그의
> 조상들의 하나님 앞에 크게 겸손하여 기도하였으므로 하나

님이 그의 기도를 받으시며 그의 간구를 들으시사

(대하 33:12-13)

또한 시편 기자는 "낮에는 여호와께서 그의 인자하심을 베푸시고, 밤에는 그의 찬송이 내게 있어 생명의 하나님께 기도하리로다"고 고백하였고(시 42:8), 아삽은 선포하기를 "내가 내 음성으로 하나님께 부르짖으리니, 내 음성으로 하나님께 부르짖으면 내게 귀를 기울이시리로다"고 하였다(시 77:1). 마지막으로 다윗은 "주를 향하여 손을 펴고, 내 영혼이 마른 땅 같이 주를 사모하나이다"라고 선포했다(시 143:6; 참조. 시 141:1-2).

고난 가운데 쓰인 다윗의 시를 읽고 묵상하는 것은 우리의 영혼을 위로해주기 때문에 매우 유익하다. 우리가 처한 상황이 시편 속에서 잘 드러나기 때문이다. 그리고 그 가운데 우리의 영혼이 얼마나 간절하게 우리의 부족과 필요를 주님께 아뢰고 요청해야 하는지 잘 보여주기 때문이다. 아타나시우스(혹은 여기서 인용하는 구절의 저자가 다른 누구든지 간에)는 이를 "하나님의 모든 성경은 분명 참된 믿음과 선행에 대해 가르칩니다. 그러나 시편만큼은 우리 영혼의 상태를 비춰볼 수 있는 거울과도 같습니다"라고 잘 설명했다.

크리소스톰은 "그렇기에 그 동안 수많은 성도들이 시편에 귀 기울여 왔습니다"라고 말한다. 어거스틴은 밀라노 대성당에서 들었던 시편 찬가의 위대함을 언급하며 그것이 자신의 회심을 도왔다고 얘기한다. 또한 요한 후스도 시편의 위대함을 감옥에서야 비로소 경험하게 되었다고 고백한다. 프랑스의 순교자 요한 모렐리우스(John Morellius, 유명한 인쇄업자 빌헬무스 모렐리우스(Wilhelmus Morellius)의 동생)는 1558년 쓰인 자신의 글에서 감옥을 예찬하기도 했는데, 이는 감옥 생활을 통해 아무런 방해를 받지 않고 시편을 노래할 수 있기 때문이었다. 보다 거슬러 올라가면 푸아티에 출신의 힐라리우스(Hilary of Poitiers)도 이와 같은 말을 남겼다. 궁정보다는 지하 감옥에서 시편에 더욱더 귀를 기울이게 된다는 것이다. 마틴 루터의 아내 카타리나 폰 보라(Katharina von Bora)는 한동안 시편의 이런 저런 구절들이 무엇을 의미하는지 모르고 지냈다. 시편 기자의 탄식이 무엇을 의미하는지, 시편이 우리 영혼에 어떤 영향을 미치는지 이해할 수 없었을 뿐더러, 하나님께서 그녀에게 고난을 주시고 연단하시기 전까지는 자신의 사명조차도 깨닫지 못한 채 살아왔다. 그러나 그녀는 결국 "고난이 바로 나의 선생이었습니다. 고난을 통해 많은 것을 깨닫게 되었죠."라고 고백을 하게 된다.

우리가 시편을 주의 깊게 읽는다면 그 안에서 하나님께 기도를 드리는 거룩하고 올바른 방법을 찾게 되고, 고난 가운데서 하나님께 어떻게 아뢰어야 하는지 배울 수 있다. 시편 102편의 표제 '곤고한 자가 마음이 상하여 그 근심을 여호와 앞에 토로하는 기도'는 이러한 사실을 잘 보여준다. 또한 성경 속에서 믿음의 사람들의 기도를 살펴봄으로써, 우리는 어떠한 근거로 기도해야 하는지, 각 상황에 맞는 기도는 어떤 것인지, 기도를 어떻게 드려야 하며 왜 드려야만 하는지 알게 될 것이다. 더 나아가 기도를 통해 선한 것을 구하거나 악한 것을 피하고자 할 텐데, 우리 대부분은 이 두 가지를 동시에 경험하게 된다. 지금까지의 내용을 정리해보면, 우리는 기도에서 세 가지 특징을 발견할 수 있다. (1)고통을 아뢰고 죄를 고백하는 것, (2)선한 것을 기대하며 죄와 고통으로부터 구원을 바라는 것, (3)하나님의 구원이 필요한 이유를 아뢰는 것이다.

먼저, 우리의 영혼이 호소하는 고통이란 무엇일까? 그것은 마치 우리가 하나님께 잊혀지거나 버림받은 것처럼 보인다는 사실이다. 시편 42편은 "내 반석이신 하나님께 말하기를, '어찌하여 나를 잊으셨나이까"(시 42:9)바로 이러한 내용이다.

다른 곳에도 이와 비슷한 다윗의 심정 "나를 주 앞에서 쫓아내지 마시며 주의 성령을 내게서 거두지 마소서"(시 51:11)가 묻어난다.

헤만 역시 이러한 심경을 담아 "여호와여 어찌하여 나의 영혼을 버리시며 어찌하여 주의 얼굴을 내게서 숨기시나이까"(시 88:14)라고 반문한다.

시편 22:1에는 "내 하나님이여, 내 하나님이여, 어찌 나를 버리셨나이까?"라는 탄식이 기록되어 있다(참조. 시 10:1; 77:8-10). 이러한 구절들을 통해 알 수 있는 것은 우리가 기도를 통해 하나님 앞에 우리의 무거운 짐을 내려 놓을 수 있다는 사실이다. 기도는 우리에게 주어진 가장 적극적이고 강력한 무기인 것이다. 다윗은 이러한 원리를 잘 인식한 듯 보인다.

내 마음의 근심이 많사오니, 나를 고난에서 끌어내소서

(시 25:17)

시편 55:3이나 33:10-11에서도 볼 수 있다. 이러한 기도는 눈물과 탄식을 불러일으킨다. "내가 탄식함으로 피곤하여 밤마다 눈물로 내 침상을 띄우며 내 요를 적시나이다… 내 눈의 빛도 나를 떠났나이다… 나의 눈물을 주의 물병에 담으소서. 이것이 주의 책에 기록되지 아니하였나이까?"(시 6:6; 38:10; 56:8; 참조. 69:4; 126:5). 욥기에서도 마찬가지로 "내 눈은 하나님을 향하여 눈물을 흘리니"(욥 16:20)라는 내용을 읽을 수 있다.

기도를 통해 죄를 고백하기도 한다. 다윗은 기도를 통해 "내 허물을 여호와께 자복하리라 하고, 주께 내 죄를 아뢰고 내 죄악을 숨기지 아니하였더니"하고 고백했다(시 32:5). 또한 38:18에서도 "내 죄악을 아뢰고 내 죄를 슬퍼함이니이다"라고 기도했다.

두 번째로, 기도를 통해 선한 것을 바란다는 것은 하나님께서 우리의 기도를 들으시고 응답하심을 기대하는 것이다.

> 하나님이여 내 기도에 귀를 기울이시고, 내가 간구할 때에 숨지 마소서 (시 55:1)

> 여호와여 내가 소리 내어 부르짖을 때에 들으시고 또한 나를 긍휼히 여기사 응답하소서 (27:7)

> 여호와여 내가 주께 부르짖으오니… 나의 간구하는 소리를 들으소서 (시 28:1-2)

헤만은 시편 88:2에서 "나의 기도가 주 앞에 이르게 하시며, 나의 부르짖음에 주의 귀를 기울여 주소서"라고 기도했고, 다른 시편 기자는 85:8에 "내가 하나님 여호와께서 하실 말씀을 들으리니"라고 기록했다.

우리는 또한 기도를 통해 죄의 용서를 간구하기도 한다. 다윗은 "여호와여 내 젊은 시절의 죄와 허물을 기억하지 마시고"(시 25:7)라고 죄의 용서를 간구했다.

욥은 자신의 고난에 대해 "주께서 나를 대적하사 괴로운 일들을

기록하시며, 내가 젊었을 때에 지은 죄를 내가 받게 하시오며"라고
슬퍼하면서 자신의 죄가 용서받기를 기도했다.

> 주께서 어찌하여 내 허물을 사하여 주지 아니하시며, 내 죄
> 악을 제거하여 버리지 아니하시나이까? (7:21; 참조. 시 51;
> 130; 143)

세 번째로, 다윗은 자신이 처한 상황으로부터 구원받고자 "여호
와 내 하나님이여, 내가 주께 피하오니 나를 쫓아오는 모든 자들에게
서 나를 구원하여 내소서" (시 7:1; 참조. 69:19) 라는 기도를 하기도
했다. 이러한 고통의 시절이 지나가면 다윗은 다시금 영적 기쁨과 즐
거움을 맛보리라 기대했다.

> 주의 종은 즐거워하리이다 (시 109:28)

모세 또한 시편에서 "우리를 괴롭게 한 날수대로와 우리가 화를
당한 연수대로 우리를 기쁘게 하소서"라는 기도를 드렸다 (시 90:15).
또 다른 이는 "여호와여 주의 이름을 위하여 나를 살리시고" (시
143:11)라고 고백한다.

이러한 모든 기도는 겸손과 절망 가운데서 흘러나온다. 그러나

하나님의 응답을 바라며, 우리는 담대히 우리의 상한 심령을 하나님께 가지고 나아가는 것이다. 다윗은 시편 51:17에서 "하나님이여, 상하고 통회하는 마음을 주께서 멸시하지 아니하시리이다"고 기도하며, 하나님께서 자신의 기도를 들으시리라는 확신에 차 있었다.

> 여호와께서 자기를 위하여 경건한 자를 택하신 줄 너희가
> 알지어다. 내가 그를 부를 때에 여호와께서 들으시리로다
>
> (시 4:3)

> 여호와여, 내가 주를 바랐사오니 내 주 하나님이 내게 응답
> 하시리이다 (시 38:15)

우리가 하나님께 기도드리는 가운데 우리의 기도에 응답해 달라며 내어놓는 이유는 여러 가지이다. 첫째, 극심한 고난이다. 이는 시편 기자의 고백에서 엿보인다.

> 여호와여 나는 가난하고 궁핍하오니 주의 귀를 기울여 내
> 게 응답하소서 (시 86:1)

> 무릇 나의 영혼에는 재난이 가득하며 (시 88:3; 참조. 시
> 77; 86)

예레미야는 "여호와여 보시옵소서. 내가 환난을 당하여 나의 애

를 다 태우고 나의 마음이 상하오니"라고 기도했다(애 1:20). 둘째, 때가 되었다는 것이다. 우리가 처한 상황을 바라보며 적당한 때에 대한 통찰을 얻게 됨을 의미한다. 이 가운데 "여호와여 어느 때까지니이까?"라고 반문하기도 하고(시 6:3; 13:2), "나의 힘이시여 속히 나를 도우소서"라며 기도하기도 하게 된다(시 22:19; 71:12). 셋째, 우리가 하나님께 속해 있음을 근거고 삼는다.

> 여호와여 너무 분노하지 마시오며 죄악을 영원히 기억하지
> 마시옵소서 구하오니 보시옵소서 보시옵소서 우리는 다 주
> 의 백성이니이다 (사 64:9)

그렇기 때문에 예레미야 역시 하나님을 "이스라엘의 소망이시요, 고난당한 때의 구원자"로 선포한다(렘 14:8). 넷째, 하나님의 자비하심과 은혜로우심이다. 그렇기에 우리는 시편 기자를 따라 "여호와여 주의 긍휼하심과 인자하심이 영원부터 있었사오니 주여 이것들을 기억하옵소서"(시 25:6) 이렇게 고백할 수 있다.

다섯째, 우리가 입술로 기도한다는 사실이다. "나의 기도 소리를 들으소서. 내가 주께 종일 부르짖으오니 자비를 내려주옵소서. 나의 주, 구원의 하나님이여, 내가 밤낮으로 주께 부르짖으오니, 아침에 나의 기도가 주의 앞에 이르리이다"(참조. 시 5:3; 31:22; 86:6).

여섯째, 우리의 영혼이 하나님을 신뢰한다는 사실이 근거가 된다. 우리는 다윗과 같이 고백하게 된다. "여호와여 내가 주께 피하오니, 내가 영원히 수치를 당하게 하지 마소서… 주 여호와여 주는 나의 소망이시요, 내가 어릴 때부터 신뢰한 이시라… 주를 의지하는 종을 구원하소서"(시 71:1, 5; 86:2; 참조. 시 13:6; 17:7; 25:20; 27:7; 31:1, 14, 17; 77:2; 143:8).

일곱째, 하나님의 약속을 신뢰하여 기도한다. 솔로몬은 "이스라엘의 하나님 여호와여… 주와 같은 신이 없나이다… 언약을 지키시고 은혜를 베푸시나이다" (왕상 8:23) 이러한 기도를 드렸다.

시편 71편의 기자는 주께서 자신을 구원하라 명령하셨다는 사실을 근거로 기도하고 있다(시 77:8; 89:49). 여덟째, 하나님께서 이전에도 도와주신 적이 있기에 응답을 기다리게 된다. "주는 나의 도움이 되셨나이다"(시 27:9; 참조. 시 3:4-5; 22:4-5, 10; 77:6; 85:2). 아홉째, 우리가 하나님과 그의 구원을 기다리고 있기에 응답을 기대할 수 있다.

나 곧 내 영혼은 여호와를 기다리며 나는 주의 말씀을 바라는도다 파수꾼이 아침을 기다림보다 내 영혼이 주를 더 기

다리나니 참으로 파수꾼이 아침을 기다림보다 더하도다

(시 130:5-6)

우리는 때로 기도 가운데 다짐이나 약속을 함으로써 우리의 기도가 얼마나 간절한지 나타내고, 이를 통해 하나님과 보다 가까이 동행하려고 애쓰며, 우리가 진심으로 바라는 것들을 받을 수 있다는 소망을 품게 된다. (1)우리는 언제나 하나님의 이름만을 부르고, 그 분만을 풍성히 사랑하겠다는 다짐을 한다. "큰 회중 가운데에서 나의 찬송을 주께로부터 온 것이니, 주를 경외하는 자 앞에서 나의 서원을 갚으리이다… 우리를 소생하게 하소서, 우리가 주의 이름을 부르리이다"(시 22:25; 80:18; 참조. 43:4; 54:6; 56:12; 57:7).

(2)또한, 모든 순종의 의무를 다하여 하나님을 보다 정성으로 섬기겠노라 다짐한다. 다윗은 "내가 범죄자에게 주의 도를 가르치리니" 서원했고(시 51:13), 야곱은 "여호와께서 나의 하나님이 되실 것이요"라고 고백했다(창 28:21).

(3)우리의 소유를 하나님께 바치고자 야곱처럼 다짐하기도 한다.

내가 기둥으로 세운 이 돌이 하나님의 집이 될 것이요 하나

님께서 내게 주신 모든 것에서 십 분의 일을 내가 반드시
하나님께 드리겠나이다 (창 28:22)

"마음이 괴로워서 여호와께 기도하고 통곡하며 서원"을 하였던
한나도 이러한 경우에 해당한다(삼상 1:10-11).

지금까지 논의한 내용은 우리가 영적 침체 속에서 어떻게 기도
해야 하는지 잘 보여준다. 그러나 우리는 홀로 기도해서는 안 된다.
"서로 기도하라"는 야고보의 권유를 기억하여 다른 지체에게 중보를
부탁해야 한다. 이것은 또한 교회 공동체의 사명이기도 하다. 카파도
키아 지역의 가장 존경 받는 주교였던 탈라시우스(Thalassius)가 동
료 바울에게 쓴 편지 "친애하는 형제여! 나를 위해 기도해주기 바라
네. 영적 슬픔과 육체의 고통 같은 수많은 재앙들이 나를 기다리고
있다네."를 보면 이 명령에 얼마나 잘 순종했는지 나타난다. 오렌지
공 모리스의 임종을 지켜보며 요한네스 보허르만은 어떤 경건한 사
람에 관한 이야기를 해준다. 그는 질병과 싸우며 계속해서 불평하기
를 자신의 마음이 닫히고 심령이 굳어진 것 같다고 했다. 그래서인지
예전처럼 죄를 미워하는 마음도, 죄로 인해 슬퍼하는 마음도 줄었고,
이로 인해 한 목회자에 심방을 부탁하고는 자신을 위해 기도해 달라
고 요청했다. 결국 그 사람은 겸손하고 진심 어린 마음으로 하나님께
감사를 고백하는 큰 변화를 겪게 되었다. 이처럼 변화를 불러일으키

는 능력은 함께 기도하고 서로를 위해 기도하는 데서 흘러나오는 것이다.

누군가 "저는 이 모든 것을 해보았습니다. 수차례 기도했지만, 아무런 응답을 받지 못했습니다. 제 상태는 그대로일 뿐입니다. 아니, 더 악화되고 말았죠. 마치 욥이 불평했던 것처럼 "내가 주께 부르 짖으나 주께서 대답하지 아니하시오며, 내가 섰사오나 주께서 나를 돌아보지 아니하시나이다" (욥 30:20). 또한 "여호와여, 내가 부르짖 어도 주께서 듣지 아니하시니 어느 때까지리이까? 내가 강포로 말미 암아 외쳐도 주께서 구원하지 아니하시나이다"라는 하박국 선지자의 불평은 이제 저의 불평이 되고 말았습니다 (합 1:2)." 이렇게 반박할 지도 모른다.

버나드의 설명에 따르면, 우리의 기도가 응답되지 않는 이유는 주로 세 가지라고 한다. 기도를 적당한 때에 하지 않았거나, 기도가 올바른 방법으로 드려지지 않았거나, 기도를 적절한 장소에서 하지 않았기 때문이다. 게다가, 우리의 기도가 이러한 조건에 만족한다 할 지라도, 하나님께서는 때로 우리의 기도에 곧바로 응답하지 않으시 거나 우리의 기대와는 다른 방식으로 응답하기도 하신다. 가나안 여 인의 경우처럼 말이다(마 15:22-28). 하나님께서는 응답을 지연시키시며, 우리가 하나님을 향한 갈망이 아닌 다른 축복을 바라는 마음에 그에게 기도하는지 알아보시고자 하신다. 하나님께서 구원을 허락하시고 더욱 풍성한 것으로 채워주시기 이전까지는 우리의 바람과 다른 것이 주어지기도 하지만, 그것이 그 순간에 우리에게 최선이기에 허락된 것이다.

하나님의 풍성함에 관한 진리를 보다 바르게 이해하고, 우리의 기도가 거절당하더라도 하나님께서 언제나 우리의 기도를 들으신다는 확실한 약속을 신뢰하기 위해서, 우리는 무엇보다도 그 분께서 우리를 잊지 않으신다는 사실을 숙고해야만 한다. 우리의 기도가 아무리 오랜 시간 지연된다 하더라도, 하나님께서는 결코 우리를 잊지 않으신다. 또한 하나님께서는 그 분의 선한 뜻에 따라 우리의 기도를 바꾸기도 하시고, 우리의 유익을 위해 다른 것으로 응답하기도 하신다. 시간이 지나면, 이것이 우리가 기도했던 것보다 훨씬 유익했음을 깨닫게 된다. 누군가 우리에게 무엇을 요구할 때, 우리도 자유를 행사하여 다른 결정을 내릴 수 있다.

어떤 이들이 어리석게 돌멩이를 달라고 할지라도, 하나님께서는 달걀을 내어주신다. 어떤 이들이 전갈을 달라고 기도하면, 하나님께서는 빵을 허락하신다. 아브라함에게 이스마엘 대신에 이삭을 주셨으며, 다윗에게는 그가 간절히 기도하여 살리고자 했던 아들 대신에 솔로몬이라는 더 사랑스럽고 복된 아들을 허락하셨다. 그런가 하면 사도 바울은 자신에게 주어진 '사탄의 사자' 로 인해 여러 번 기도했으나 거절당했다.

> 이것이 내게서 떠나가게 하기 위하여 내가 세 번 주께 간구하였더니 나에게 이르시기를 내 은혜가 네게 족하도다 이는 내 능력이 약한 데서 온전하여 짐이라 하신지라
>
> (고후 12:8-9)

어거스틴은 "보십시오, 사탄의 사자를 제거하여 달라는 기도가 응답되지 않았습니다. 왜일까요? 바울에게 유익하지 않았기 때문입니다. 그러므로 자신의 기도가 가시적인 결과로 나타나지는 않았을지라도, 실상은 그 사람의 구원이라는 더 큰 모습으로 이루어진 것입니다." 다른 곳에서는 마귀의 기도에 관해 언급한다. "마귀의 기도만 응답 되고 사도의 기도는 그렇지 않은 것 같습니까? 마귀의 기도가 어떻게 응답되었습니까? 귀신들의 돼지 떼 속에 들어가게 해달라고 간청이 허락되었습니다. 사탄이 욥을 치고자 하자, 하나님께서 허락하셨습니다. 그렇다면 왜 바울의 기도는 응답되지 않았을까요?"라고 설명한다. 사도 바울은 이 질문에 대한 답을 잘 알고 있었다. "여러 계시를 받은 것이 지극히 크므로 너무 자만하지 않게 하시려고 내

육체에 가시, 곧 사탄의 사자를 주셨으니 이는 나를 쳐서 너무 자만하지 않게 하려 하심이라. 이것이 내게서 떠나가게 하기 위하여 내가 세 번 주께 간구하였더니, 나에게 이르시기를, '내 은혜가 네게 족하도다'"(고후 12:7-9).

하나님께서 저주 받아 마땅한 마귀의 기도는 들으시고, 고침 받기에 부족함 없어 보이는 사도의 기도는 묵살하신 것처럼 보일 수 있다. 하지만, 몸에 좋은 약이 입에 쓰듯, 하나님의 기도 응답이 그렇게 실현된 것이다. 하나님께서는 기도하는 사람의 구미대로 응답하시지 않으시고, 그의 영혼에 유익한 방향으로 응답하시는 것이다. 우리의 기도를 거절하시는 것은 우리에게 유익을 주시기 위함이요, 응답을 지연시키시는 것은 우리가 더욱더 간절하게 기도하길 바라시기 때문이다. 그레고리는 "하나님께서는 자녀들이 고통 속에 있을 때에 도와주지 않기도 하십니다. 그 고통이 더욱더 가중되어 하나님을 향한 간절함이 커지도록 하시는 것입니다. 아가서 3장과 5장의 신부처럼 말이죠."라고 말한다. 그러므로, 우리는 인내하며 기도해야 한다. 설사 하나님께서 오랫동안 우리의 기도를 들은 척도 아니하시는 것처럼 보일지라도, 우리가 멈추지 않고 기도한다면 하나님께서는 우리를 떠나지 않으시고 오히려 이러한 끊임없는 기도를 통해 우리를 강건케 하실 것이다. 그 분은 "피곤한 자에게는 능력을 주시며 무능한 자에게는 힘을 더하는 분이시다(사40:29).

> 나 여호와가 그들에게 응답하겠고 나 이스라엘의 하나님이
> 그들을 버리지 아니할 것이라 내가 헐벗은 산에 강을 내며
> 골짜기 가운데에 샘이 나게 하며 광야가 못이 되게 하며 마
> 른 땅이 샘 근원이 되게 할 것이며 내가 광야에는 백향목과
> 싯딤 나무와 화석류와 들감람나무를 심고 사막에는 잣나무
> 와 소나무와 황양목을 함께 두리니 (사 41:17-19)

곧 우리의 마음이 광야와 같이 메말라 있을 때에 하나님께서 기쁨 가득한 초원을 만드시고 그 위에 나무를 심으시며 영적 샘물의 근원을 파시겠다는 약속이다. 그러므로 지체하지도 말고 낙담하지도 말자. 모든 것이 하나님의 뜻 가운데 변화될 것이다.

> 오실 이가 오시리니 지체하지 아니하시리라 (히 10:37)

그러나 우리가 기억해야 할 것은 "때와 시기는 아버지께서 자기의 권한에 두셨으니 너희가 알 바 아니요"라는 사실이다(행 1:7). 우리는 단지 제자들의 본을 받아 아버지의 약속을 기대하며 살면 족한 것이다. 하나님께서 우리에게 단번에 응답하시지 않더라도 기도를 경시해서는 안 된다. 버나드가 설명했듯이, "왜냐하면 하나님께서도 우리의 기도를 가볍게 여기지 않으시기 때문입니다. 우리가 기도를

마치기도 전에 하나님께서는 이미 우리의 기도를 당신의 책에 기록하신답니다." 따라서 우리는 하나님께 기도드리며 둘 중의 한 가지 상황을 기대할 수 있다. 하나님께서 우리가 기도드린 그대로 응답해 주시거나, 우리에게 보다 유익이 되는 다른 어떤 것으로 응답하시는 것이다. 하나님의 것은 언제나 최선의 것이고, 우리가 생각하는 것은 언제나 그 보다 못하다. 하나님은 우리의 생각과 상상을 뛰어넘는 분임을 기억하자. 영국 청교도 운동의 아버지라 불리는 존 후퍼(John Hooper)는 1555년 피의 여왕 메리에게 순교를 당하며 위대한 기도를 남겼다. "주님, 저는 마치 지옥의 자녀와 같고, 당신은 하늘나라의 주인이십니다. 제 안에는 죄악의 찌꺼기가 가득하지만, 당신은 은혜가 가득한 하나님이시요 자비가 충만한 구원자이십니다. 그러니 비참한 죄인에게 자비를 허락하옵소서. 주님의 큰 자비와 측량할 수 없는 선하심을 기다립니다. 하늘나라에 오르신 주님, 나를 지옥에서 건져 주시고 주님의 기쁨을 맛보게 하여 주옵소서. 성부 하나님의 영광의 자리에 앉아계신 주님께 기도드립니다."

여덟 번째 방법은 그리스도를 붙들고자 스스로 분발하는 것이다. 우리는 그리스도께 향하고 그의 은혜를 붙잡고자 모든 것을 해야만 한다.

주의 이름을 부르는 자가 없으며 스스로 분발하여 주를 붙

잡는 자가 없사오니 이는 주께서 우리에게 얼굴을 숨기시

며 (사 64:7)

다윗도 이르기를, "내 영혼아… 너는 하나님께 소망을 두라"
(시 42:5, 11)고 하였다.

아홉 번째, 경건한 사람들과 함께 하는 것이다. 영적 침체 가운
데 있을 때 신실하고 주께 헌신된 자들을 만나는 것은 매우 유익하
다. 특별히 목회자와 같이 영적 침체나 양심의 가책 등에 관련하여
지식이 풍부하고 경험이 많으며 비슷한 사례를 많이 알고 있는 사람
이면 좋을 것이다. 또한 누군가를 위로할 수 있는 마음의 여유가 있
고, 아볼로와 같이 성경에 능통한 자라도 좋을 것이다. 이러한 원리
는 성경 곳곳에서 발견된다. 주님께서 나훔 선지자의 입을 통해 말씀
하셨다.

내가 어디서 너를 위로할 자를 구하리요 (나 3:7)

예수님께서는 사람들로부터 배척을 당하시고 제자들과 함께 하
시며 그들에게 자신과 함께 한 시간도 깨어 있을 수 없냐고 물으셨
다. 그리고 홀로 기도하실 때 "천사가 하늘로부터 예수께 나타나 힘
을 더"하였다(눅 22:43). 솔로몬은 아가서를 통해 교회가 그리스도를

찾아 헤매지만 그 수고가 헛되이 끝나고 결국 순찰자들에게 조언을 구하는 장면을 묘사한다.

내 마음으로 사랑하는 자를 너희가 보았느냐 (아 3:3)

사도 바울이 고린도 교회에 보낸 편지는 우리 모두에게 적용할 수 있다. "우리의 모든 환난 중에서 우리를 위로하사 우리로 하여금 하나님께 받는 위로로써 모든 환난 중에 있는 자들을 능히 위로하게 하시는 이시로다"(고후 1:4). 존 팍스는 자신의 책 『순교자들』에서 로랜드 테일러(Rowland Taylor)가 재판을 받으러 가는 장면을 그리고 있다. 한 가난한 남성이 자녀 다섯과 함께 테일러에게 다가온다. 모두 그 앞에 무릎 꿇고 손을 내밀고는 그를 위해 "우리의 선한 목자이자 영적 아버지셨던 테일러 박사님, 박사님께서 저와 제 자녀들을 도우셨던 것처럼 하나님께서 박사님을 도우실 것입니다."라고 기도한다.

그러나 때때로 우리 주변에 위로를 줄만한 사람이나 목회자가 없는 경우도 있다. 그러한 경우 하나님께서 직접 위로자가 되어 주시고 보다 친밀하고 직접적인 위로를 허락하신다. 다른 주변의 위로가 부족한 것 이상으로 풍성한 위로를 주시는 것이다. 『보헤미아 형제단 박해사(The History of the Bohemian Persecutions)』에는 이러한 위로가 잘 나타나 있다. 보헤미아 지역의 감독 중 한 명이었던 헨드릭 오토 판 로스는 사형선고를 받고 난 이후, 그를 찾아온 목사 로자키우스에게 이렇게 말한다.

"목사님께서 이렇게 와 주시다니, 정말 기쁘기 그지없습니다. 하나님의 사람으로서 제가 갖게 된 기쁨을 나누고 저에게 무슨 일이 일어났는지 말씀 드리고 싶습니다. 얼마 전까지만 하더라도 의자에 앉기만 하면 큰 슬픔이 제 머리 속에 가득했습니다. 제 주변의 어떤 목회자들도 저를 용서하거나 주의 만찬에 참여하도록 해주지 않았기 때문이죠. 주의 만찬을 통해 얻게 되는 유익을 향유하지 못한다는 사실에 너무 슬펐습니다. 이런 생각을 하며 잠자리에 들었습니다. 그런데 그 때, 주님께서 저를 찾아오셔서 말씀하셨죠. '나의 보혈로 너를 씻노니, 내 은혜가 네게서 넘치는도다.' 그 분께서 보혈 한 방울을 제 심령 가운데 떨어뜨리셨고, 저는 잠에서 깨어나 주체할 수 없는 기쁨에 팔짝 뛸 지경이었습니다. 진정으로 제 심령이 소생함을 맛보았습니다. 저는 곧 두 손을 높이 들고 이렇게 고백했습니다. '자비로운 구세주여, 감사드리나이다. 저에게 이러한 위로를 허락하시고 주님의 은혜를 확증하셨사오니, 이제 "믿는 자는 이미 내 살을 먹은 자"라는 말씀이 진정으로 이해되나이다.'" 이제 더 이상 죽음이 두렵지 않고, 기쁨으로 맞이할 수 있습니다."

어떤 사람은 고통 가운데 신음하며, 지금까지 우리가 다루어 온 사실들을 반대하기도 한다. 고통으로 인해 그들의 내면에 쉽게 떨쳐 버릴 수 없는 의구심이 생기게 되고, 때로 이것이 너무 극심하여 우리가 제시한 사실을 받아들이지 못하게 되는 것이다.

가장 먼저 살펴볼 반대 의견은 "저는 이미 당신이 언급하고 충고해준 모든 것을 해보았습니다. 그러나 아무런 도움을 얻지 못했죠. 이제 내가 어떤 능력을 기대해야 한단 말입니까?"였다.

우리가 줄 수 있는 답변은 누구든지 어떤 고통을 한번 겪게 되면 지속적으로 그와 동일한 고통을 호소하며 불평을 늘어놓게 되는데, 이는 영적 침체의 경우에도 마찬가지라는 사실이다. 여전히 그 고통 속에 한쪽 발을 담근 체, 자신이 겪고 있는 고통에 대해 불평만 늘어놓고 있는 것이다. 사도 바울이 "너희에게 같은 말을 쓰는 것이 내게는 수고로움이 없고 너희에게는 안전하니라"(빌 3:1)고 기록했던 것은 이런 자들을 향한 끊임없는 권고를 의미한다.

그러므로 우리는 하나님의 약속을 기억하자.

그러나 여호와께서 기다리시나니 이는 너희에게 은혜를 베풀려 하심이요 일어나시리니 이는 너희를 긍휼히 여기려 하심이라 대저 여호와는 정의의 하나님이시라 그를 기다리는 자마다 복이 있도다 시온에 거주하며 예루살렘에 거주하는 백성아 너는 다시 통곡하지 아니할 것이라 그가 네 부

르짖는 소리로 말미암아 네게 은혜를 베푸시되 그가 들으
실 때에 네게 응답하시리라 (사 30:18-19)

이러한 약속에 대해 다윗 왕은 아들 솔로몬에게 "내 아들 솔로
몬아 너는 네 아버지의 하나님을 알고 온전한 마음과 기쁜 뜻으로 섬
길지어다 여호와께서는 모든 마음을 감찰하사 모든 의도를 아시나니
네가 만일 그를 찾으면 만날 것이요 만일 네가 그를 버리면 그가 너
를 영원히 버리시리라"(대상 28:9)라고 충고했다.

또한 다윗은 시편 103:9을 통해 "자주 경책하지 아니하시며, 노
를 영원히 품지 아니하시리로다"고 고백하기도 했다. 이사야 선지자
는 "나 여호와가 시온의 모든 황폐한 곳들을 위로하여 그 사막을 에
덴 같게, 그 광야를 여호와의 동산 같게 하였나니, 그 가운데 기뻐함
과 즐거워함과 감사함과 창화하는 소리가 있으리라"고 대언했다(사
51:3; 참조. 54:1; 55:13; 60:15).

또한 성경에 기록된 여러 인물들의 삶과 고통을 살펴보면, 고난
의 시간이 얼마나 길었던 지간에 그 결과는 항상 복된 것이었음을 깨
닫게 된다. 모세는 우리에게 "네가 있기 전 하나님이 사람을 세상에
창조하신 날부터 지금까지 지나간 날을 상고하여 보라(신 4:32) 라는
충고를 준다.

아삽은 이것을 "내가 옛날, 곧 지나간 세월을 생각하였사오며… 곧 여호와의 일들을 기억하며 주께서 옛적에 행하신 기이한 일을 기억하리이다" (시 77:5, 11) 라고 숙고해보았다. 어떤 시편 기자는 증거 하기를 "하나님이여, 주께서 우리 조상들의 날, 곧 옛날에 행하신 일을 그들이 우리에게 일러 주매 우리가 우리 귀로 들었나이다" 하였다(시 44:1). 다윗 역시 같은 믿음으로 고백한다.

> 우리 조상들이 주께 의뢰하고 의뢰하였으므로 그들을 건지
> 셨나이다 그들이 주께 부르짖어 구원을 얻고 주께 의뢰하
> 여 수치를 당하지 아니하였나이다 (시 22:4-5)

마지막으로, 우리 자신의 경험에 귀 기울여 보자. 버나드는 "우리의 영혼이 간절히 바라고 쉬지 않고 기도하며 심지어 고통을 맛보면서 까지도 고대하는 것이 있다. 우리가 하나님을 간절히 기대하고 부지런히 찾을 때 우리에게 자비를 베푸시고 찾아와 주심을 경험하고자 하는 것이다. 이러한 경험을 하게 되면 우리는 예레미야와 같이 "기다리는 자들에게나 구하는 영혼들에게 여호와는 선하시도다" (애 3:25)라고 고백할 수 있지 않을까?

또한 하박국 선지자와 같이 '나의 거룩한 이시여, 주께서는 만세 전부터 계시지 아니하시니이까?' (합 1:12)라고 질문할 수도 있을 것이다."이렇게 설명한다.

프랑스 로렌지역 루터파 지도자였던 볼프강 슈흐(Wolfgang Schuch)는 1525년 화형대에 오르며, 고통을 덜어주길 바라느냐는 질문에 이렇게 대답했다. "선하고 자비로우신 하나님께서 제 삶 가운데 늘 함께 하셨습니다. 제 삶의 마지막 때에, 하나님의 도움이 가장 절실한 이 순간에, 하나님은 결코 나를 떠나지 않을 것입니다." 1556년 순교한 요한 베로(John Berraud)는 이렇게 외치며 생을 마감했다. "나의 주 나의 하나님, 당신의 종에게 능력의 손을 내미소서."

두 번째로 살펴볼 반대의견은 "이제 모든 것이 끝입니다. 희망도 도움도 아무런 소용이 없습니다. 절망 가운데 예레미야처럼 '나의 힘과 여호와께 대한 내 소망이 끊어졌다' 고 고백할 뿐입니다" 이다.

낙심이라는 것에 대해 얘기할 때, 우리는 낙심하는 것과 낙심하도록 시련이 찾아오는 것을 구분해야 한다. "낙심할 만큼 심한 고통 가운데 있다"는 말과 "낙심이 찼다"는 말은 엄연히 틀리기 때문이다. 마귀는 할 수만 있다면 경건한 사람들도 낙심이 가득 찬 지경에 이르도록 공격을 멈추지 않는다. 하지만 로베르토 벨라르미노(Robert Bellarmines)와 존 다우네임처럼 이러한 공격을 받고도 낙심에 차지 않았던 이들도 있다.

또한 스스로 도움을 줄 수 없기에 스스로에 대해 낙심하는 것과 하나님께서 도움을 주시지 못하리라 여겨 하나님에 대하여 낙심하는 것도 구분해야 한다. 나병환자 네 명이 첫 번째 낙심에 차 서로 이렇게 대화를 나눈다. "만일 우리가 성읍으로 가자고 말한다면 성읍에는 굶주림이 있으니 우리가 거기서 죽을 것이요, 만일 우리가 여기서 머무르면 역시 우리가 죽을 것이라. 그런즉 우리가 가서 아람 군대에게 항복하자. 그들이 우리를 살려 주면 살 것이요, 우리를 죽이면 죽을 것이라 하고"(왕하 7:4). 때로는 돌아온 탕자(눅 15:16-17)나 오순절 날 모였던 무리들(행 2:37)처럼 낙심이 회심으로 열매 맺는 복된 경우도 있다.

사도 바울이 그랬던 것처럼 답답하게 되는 것과 낙심하게 되는 것을 구분하는 데도 주의해야 한다. "답답한 일을 당하여도 낙심하지 아니하며"(고후 4:8). 더 나아가, 단순히 말로써 낙심을 표현하는 것과 행동에서 낙심이 엿보이는 것을 구분해야 한다. 자신이 겪는 고통으로 인해 낙심 가득한 말을 내뱉지만, 실제로 낙심하지 않는 사람들도 있기 때문이다. 그레고리도 이에 "경건한 사람들의 말이 그렇지 않은 사람들의 말과 별반 다르지 않은 경우가 종종 있습니다. 하지만 그 본뜻은 굉장히 틀립니다."라고 동의한다. 마지막으로 잠시 낙심에 빠지는 것과 오랜 기간 낙심에 빠지는 것도 구분해야 할 것이다.

이제 우리가 묻고 싶은 것은, 도대체 왜, 무슨 이유로 낙심에 빠지느냐 하는 것이다. 오직 신뢰하고 소망을 가질 이유밖에 없는 자들도 말이다. 그런 작은 고난이 우리를 하나님으로부터 끊을 수 있을까? 오히려 이러한 고난을 넘어서야 하지 않을까? "큰 상을 얻게" 하는 "담대함"을 버리지 말고(히 10:35), 아브라함이 "바랄 수 없는 중에 바라고 믿었던" (롬 4:18) 것처럼 우리도 그래야 하지 않을까? 토마스 아 켐피스는 이렇게 말했다. "위로가 보이지 않는다고 바로 낙담하지 마십시오. 겸손과 인내를 가지고 하늘에서 내려오는 위로를 기다리십시오. 하나님의 능력은 여러분에게 더 큰 은혜를 허락하시고 이 은혜를 또 주시기에 부족함이 없기 때문입니다." 어거스틴은 말하기를, "사랑의 주님, 누가 주님의 은혜에 낙담할 수 있단 말입니까? 내가 감히 말하건대, 다른 어떤 죄보다 주님께 낙심하는 것이야말로 큰 죄입니다."

하나님께서는 우리가 낙심하기를 원하지 않으신다. 에스겔 선지자가 주님의 이름으로 이스라엘 민족에게 말씀을 전한 이유는 "너희가 말하여 이르되, '우리의 허물과 죄가 이미 우리에게 있어 우리로 그 가운데에서 쇠퇴하게 하니 어찌 능히 살리요' 하거니와, 너는 그들에게 말하라, 주 여호와의 말씀이니라. '나의 삶을 두고 맹세하노니, 나는 악인이 죽는 것을 기뻐하지 아니하고 악인이 그 길에서 돌이켜 떠나 사는 것을 기뻐하노라'"(겔 33:10-11)바로 여기에 있다. 어거스틴은 시편 51편을 주석하며 다윗의 기도를 "하나님, 주의 인자를 따라 내게 자비를 베푸소서. 나의 행위가 비록 악하오나 내가 전능자께로 피하나이다. 주께서 나의 치료자가 되어주지 않으셨다면, 나의 영혼의 상처로 인해 낙담하였을 것이니이다."이렇게 재해석한다. 다시 말해 다윗은 매일 "주님, 저에게 은혜를 허락하셔서 주님을 바로 알고 제 자신을 바로 알도록 하소서. 제가 비천한 죄인임을 더욱더 바로 알게 하시고, 주님 당신은 사랑의 하나님이요 그리스도를 통해 저의 자비로운 아버지가 되어주셨음을 깨닫게 하소서."라고 기도한 것이다.

마지막으로, 아직 낙심하고 의심하기에는 이르다는 것을 기억하자. 만일 우리가 "나의 힘과 여호와께 대한 내 소망이 끊어졌다"는 탄식 속에 빠져있다면(애 3:18), 다시금 "이것을 내가 내 마음에 담아두었더니, 그것이 오히려 나의 소망이 되었사옴은"(3:21)이라고 고백할 수도 있음을 알아야 한다. 우리는 우리를 향한 하나님의 구원이 불가능하다고 믿지 않는다. 이러한 사실을 의심하지도 않는다. 오히려 우리는 이러한 의혹을 물리치고자 애쓰고 있다. 그렇지 아니한가? 오히려 우리는 그리스도와 그의 은혜를 귀하게 여기고 이 세상에 속한 그 어떤 것보다도 존귀하게 여기며 살아간다. 우리는 간절한 마음으로 그의 은혜를 고대하고 있는 것이다. 그러므로 우리는 낙심에 빠진 것이 아니다. 하나님께서는 우리가 슬픔에 잠식당하도록 내버려두지 않으신다. 물론 때로 우리의 상황이 절망적으로 보일 수도 있겠지만, 하나님께는 전혀 그렇지 않다. 그 분은 "광야에 길을 사막에 강을 내"는 분이시기 때문이다(사 43:19). 1564년 순교한 폴 밀레(Paul Millet)는 "그리스도인은 하나님의 엄중한 손이 느껴질 때, 의심하기보다는 기뻐해야 합니다. 이 모든 것이 선하신 아버지 하나님으로부터 나온다는 것과, 아버지께서는 자녀를 결코 잃지 않으신다는 것을 기억해야 합니다."라는 말을 남겼다.

　　세 번째 반대 견해를 살펴보자. "당신의 말이 사실일지도 모르나, 저는 여전히 두렵기만 합니다. 마치 다윗이 '내가 후일에는 사울의 손에 붙잡히리니'(삼상 27:1)하며 불안해했던 것처럼 말이죠."

　　대답은 간단하다. 이미 앞에서 답을 제시했기 때문이다. 하나님의 강력한 은혜가 우리와 함께 하시고 우리를 붙들어주시며, 성령님께서 우리 안에 거하시고 우리를 지켜주시기 때문에 우리가 걱정하는 것은 아무런 소용이 없다. 우리가 버림받는 일은 일어난 적도 없고 앞으로도 일어나지 않을 일이다. "'산들이 떠나며 언덕들은 옮겨질지라도, 나의 자비는 네게서 떠나지 아니하며 나의 화평의 언약은 흔들리지 아니하리라,' 너를 긍휼히 여기시는 여호와께서 말씀하셨느니라"(사 54:10). 그래서 이사야는 "흑암 중에 행하여 빛이 없는 자라도, 여호와의 이름을 의뢰하며 자기 하나님께 의지할지어다"(사 50:10)고 조언한다.

네 번째, "저는 두렵습니다. 상황이 더 악화되고 제가 미칠 것만 같아 두렵습니다"라고 말하며 반대하는 이들도 있다.

그러나 우리는 앞으로 일어날 일에 대해 아무것도 알 수 없다. 따라서 아직 확실하지 않은 것을 가지고 자신을 학대하는 것은 미련한 짓이다. 우리가 미치게 되는 일 따위는 일어나지 않는다. 우리가 처한 상황으로 인해 우리의 감정이나 마음이 완전히 상하게 되지는 않기 때문이다. 오히려 우리는 슬픔을 겪으면서 더 민감한 감정을 갖게 되고 더 강한 마음을 소유하게 된다. 비록 슬픔으로 인해 힘겨워하게 될지는 몰라도, 이것이 우리의 구원을 방해할 수는 없는 것이다. 바보나 미친 사람을 평가할 때, 그 사람이 바보나 미친 사람이 되기 전의 상태나 행동을 가지고 평가한다. 날 때부터 바보이거나 미친 자였다면, 우리는 하나님의 사랑과 믿는 자들과 그들의 자녀들을 향한 약속을 가지고 그들을 평가하게 된다. 그러나 우리에게 무슨 일이 일어나든, 우리는 다윗의 충고를 따라야 할 것이다. "네 길을 여호와께 맡기라, 그를 의지하면 그가 이루시고"(시 37:5). 베드로의 권고도 기억하자. "너희 염려를 다 주께 맡기라, 이는 그가 너희를 돌보심이라"(벧전 5:7). 6세기 무렵의 수도승이었던 성 도로테오(St. Dorotheus)는 자신의 편지에서 어떤 이들은 마태복음 6장에 기록된 "내일 일을 위하여 염려하지 말라"는 구절을 잘 이해하고 있다고 언급했다.

마지막으로, "그러나 만일 내가 이 상황에서 그냥 죽게 된다면 어쩌나요? 만일 다윗의 기도('주는 나를 용서하사, 내가 떠나 없어지기 전에 나의 건강을 회복시키소서' [시 39:13])가 응답되지 않았다면 어땠을까요?"라는 견해를 살펴보자.

설사 우리가 그 고통의 상황 속에서 죽게 된다 하더라도, 우리의 구원이 덜 확실하거나 덜 명확한 것이 되지는 않는다. 그럼에도 우리의 구원은 확고한 것으로 남게 된다. 구원은 우리의 느낌에 근거하지 않고, 우리 안에 새겨진 진리, 곧 구원과 은혜에 관한 진리에 근거하기 때문이다. 어떤 이들은 평온하게 주님의 품에 안기고, 어떤 이들은 불병거를 타고 오르기도 한다. 어떻게 하늘나라에 가느냐는 큰 문제가 되지 않는다. 하늘나라에 가느냐 마느냐가 중요한 문제인 것이다. 일부 선하고 경건한 사람들이 영적으로 둔감한 상태로 죽음을 맞이하기도 하지만, 대체로 죽음 직전 하나님께서 주시는 회복과 위로를 경험하게 된다. 이러한 이유로 욥은 "나를 놓으소서! 내 날은 헛 것이니이다"라고 고백했던 것이다(욥 7:16).

비텐베르크의 공작이었던 에베라르드(Everard)는 세상을 떠나기 삼일 전, 극심한 고통으로 인해 말도 할 수 없을 지경이었다. 이 시련이 사라지자 그는 하나님께 감사의 기도를 드렸다. "주 예수 그리스도, 하나님의 아들이시여, 이 모든 것이 저들이 하나님을 믿도록 하려는 계획임을 믿나이다. 말씀으로 이르시기를, '수고하고 무거운 짐 진 자들아, 다 내게로 오라, 내가 너희를 쉬게 하리라' 하셨으니, 내가 주의 이름을 부르고 나를 주께 의탁하며 주님의 영원한 구원을 바라고 기다리겠나이다. 나의 죄와 다른 패악들을 용서하소서."

존 홀랜드(John Holland)도 언급하지 않을 수 없다. 그는 삶을 마감하며 마지막 두 시간을 로마서 8장을 명상하고 해석하는데 열중했다. 그러던 중 갑자기 이렇게 소리쳤다. "읽는 걸 멈춰보게나! 지금 내가 보는 빛이 무엇일까? 저기에 촛불을 놓아둔 겐가?" 성경을 읽어주던 사람이 햇빛이라고 얘기하자(당시 여름 오후 다섯 시 무렵이었기에) 홀랜드는 다시 한 번 소리쳤다. "아닐세! 그건 햇빛이 아니라 구세주의 빛이라네. 이제 세상과 작별하고 하늘나라로 들어가는 걸세. 새벽 별이신 주님께서 나를 찾아오신 것이라네! 내가 세상을 떠나고 장례식을 할 때, 이 사실을 사람들에게 꼭 알려주게나. 하나님께서 베푸신 친절을 말일세. 그 분의 은혜가 느껴진다네. 그 분의 영광이 보인다네. 지금 내가 몸 안에 있는지 밖에 있는지 모르겠네만, 여하튼 놀라운 일들을 묵도하고 있다네." 다음날 새벽녘에 홀랜드는 지팡이를 짚고 일어서서는 마치 야곱처럼 축복의 말을 마치고 숨을 거두었다.

"내가 곧 하늘로 오른다니, 이 얼마나 더없이 행복한 일인가! 마치 깊은 밤이 지나고 아침이 밝아오는 것 같고, 어둠에서 빛으로 나아가는 것 같으며, 죽음에서 생명으로, 슬픔에서 기쁨으로, 헛된 세상에서 하늘나라로 나아가는 것 같다네. 사랑하는 형제자매, 그리고 친구들, 그대들을 남겨두고 간다는 것이 서글프기만 하다네. 그러나 나의 죽음의 순간을 기억해주기 바라네. 내가 지금 경험하는 것을 그대들도 경험하게 될 것이고, 하나님의 친밀함을 깨닫게 될 걸세. 엘리야를 태우러 내려왔던 불병거가 이제 나를 복된 곳으로 데리고 가려 내려왔다네. 거지 나사로를 데리고 갔던 천사들이 나를 사랑하는 분의 품에 데려다 주려 왔다네. 아멘. 아멘. 주 예수여 어서 오시옵소서."

주님께서는 때때로 우리의 인생 가운데서 우리를 지옥과도 같은 곳에 거하게도 하시지만 곧 그곳에서 끌어올려 주신다. 지옥이 혹독하고 고통스러웠던 만큼, 우리의 나중 거처는 바라 마지않을 만한 놀라운 곳이다. 우리는 지옥에서 구원받음으로 승리하게 되고, 하늘에 거하게 됨으로 다시 한 번 승리하게 된다. 죽음을 맞이하기 직전, 우리에게 허락된 하늘을 바라보고 그 기쁨을 느끼게 되면서, 이러한 승리가 얼마나 큰 위로가 되는지 상상할 수 있을 것이다. 이것이 바로 이 땅에 임한 천국인 것이다! 그렇기에 우리는 "의인의 죽음을 죽기 원하며, 나의 종말이 그와 같기를 바라노라"고백하게 된다(민 23:10). 또한 어거스틴처럼 "주께서는 이미 십자가에서 우리에게 큰 일을 행하셨는데, 하늘나라에서는 또 어떤 큰 것을 우리에게 주시렵 니까?"라고 고백하기도 한다. 우리는 언젠가 다윗처럼 "주를 두려워 하는 자를 위하여 쌓아 두신 은혜가 어찌 그리 큰지요!"(시 31:19)라 고 선포하게 될 것이다. 버나드도 이런 경험을 했다. 죽음이 가까워 오자 버나드는 하나님의 심판 앞에 서는 환상을 보게 된다. 사탄이 그 옆에서 버나드의 불경건함을 언급하며 참소했다. 사탄의 모든 참 소가 끝나자 버나드는 주저 없이 사탄에게 대답한다. "내가 하늘나라 에 들어갈 만한 가치가 없고 내 스스로 들어갈 권리를 얻을 수 없다 는 사실은 잘 알고 있다. 그러나 그리스도께서 하늘나라를 소유하고 계신다. 성부 하나님으로부터 부여받은 권리와 십자가의 공로를 통 해서 말이다. 그리스도께서는 첫 번째 것으로 만족하셨고, 십자가의 공로를 나에게 주시고자 하신다. 그러므로 나는 선물로 하늘나라에 들어갈 권리를 얻었고, 전혀 부끄럽지 않다." 이렇게 버나드는 그의 원수를 물리쳤고, 하나님의 아들께서 다시금 그를 찾아오셨다.

바실리우스라고도 불리는 베셀 한스포르트(Wessel Gansfort) 는 1489년 세상을 떠났다. 그가 임종을 맞이하는 가운데 친구 한 명 이 그를 찾아와 어떠냐고 물었다. 베셀은 자신의 나이(당시 90세를

넘긴 나이였기에)와 질병을 고려해본다면 썩 잘 지내고 있다고 대답했다. 그러나 한 가지 고뇌가 있다면, 여러 생각과 논의들로 인해 자신의 기독교 신앙에 대해 의심이 들기 시작했다는 것이었다. 그 친구는 이 말에 충격을 받고는 베셀에게 진심 어린 충고를 하고 돌아갔다. 그리고는 무슨 일이 일어났을까? 몇 시간 후 베셀이 그 친구에게 찾아와서는 "하나님께 감사드린다네. 모든 헛된 논쟁은 사라지고, 이제 오직 예수와 그 분의 십자가 희생만 보인다네."라고 말하는 것이었다.

이탈리아의 경건하고 교양 있던 여인으로 알려진 올림피아 풀피아 모라타(Olympia Fulvia Morate)는 29세의 젊은 나이에 생을 마감하게 된다. 죽음 직전에 누군가 그녀에게 기분을 물어보자 "한 7년 전쯤, 사탄이 나의 신앙을 빼앗고자 온갖 노렸을 했었습니다. 하지만 이제 모든 능력을 잃고는 어디 숨어버린 것처럼 보이네요. 이제 제 심령 속에는 그리스도께서 주시는 참된 평화와 안식만이 가득할 뿐입니다."라고 대답한다. 얼굴에 기쁨의 빛이 가득한 채 침대에 눕는 그녀를 보고는 남편이 무엇 때문에 기쁘냐고 물었다. "내 쉴 곳에 아름답고 찬란한 빛이 가득함을 보았기 때문이에요." 그녀가 대답했다. 더 이상 아무런 말도 할 수 없는 지경에 이르자 남편은 그녀를 위로하며 "용기를 내요, 부인. 당신은 그 찬란한 빛 가운데 거하게 될 것이에요."말했다. 알았다는 듯이 고개를 끄덕이며 마지막으로 이 말을 남기고 숨을 거둔다. "저는 매우 기쁘답니다. 그런데 이제 당신을 알아보지 못하겠어요. 주위가 온통 꽃으로 가득 차 있는 것처럼 보이네요." 1555년의 일이었다.

마틴 루터의 고난에 대해서도 앞서 언급했다. 그는 자신에 대해 "우리 모두는 잘하고 있습니다. 저를 제외한다면 말이죠. 밖으로는 온 세상이 저를 대적하고 있고, 안으로는 마귀와 천사들로부터 시험을 당하고 있습니다."라고 말하곤 했다. 또한 루터는 습관처럼 "신학자는 세 가지를 통해 만들어집니다. 자기반성과 기도, 그리고 바로 고난이죠"라고 언급했다. 루터의 친구였던 유스투스 요나에 따르면, 언젠가 루터의 영혼과 육신에 큰 환난이 닥쳐서 오직 죽음 밖에는 피할 길이 없어 보이자, 루터가 "주 하나님, 내가 이 땅에 머무는 동안 가난하게 하심을 감사드립니다. 저에게는 토지도 재물도 돈도 없습니다. 오직 아내와 자식을 주셨습니다. 이제 내가 다시 이들을 주님께 맡기오니, 지금껏 저에게 베푸신 은혜를 이들에게 허락하셔서, 이들을 먹이시고 가르치시고 지키시옵소서. 하나님 당신은 실로 고아의 아버지시며 과부의 재판장이십니다."이렇게 고백했다고 한다.

다음날, 루터는 유스투스 요나에게 "나는 어제를 잊지 못할 걸세. 어제 나는 마치 훈련장에 있는 것 같았고, 뜨거운 사우나에 앉아 있는 것 같았다네."라고 말했고 훗날 루터는 이 시험을 자주 거론하며 '콜라품 사타네(Colaphum Satanae)'라고 부르곤 했다. "사탄의 일격"이라는 뜻으로 고린도후서 12:7에서 사도 바울을 쳤던 사탄의 사자와 같은 의미이다. 요나는 진실로 루터의 친구이자 동료 목회자로서, 루터가 죽는 순간까지 옆에서 그를 지켜주었다. 요나 역시 루터의 죽음을 지켜보며 큰 시험을 당하게 되지만 아무런 위로를 얻을 수 없었다. 그러나 여러 가지 위로의 수단과 다른 주의 종들의 훈계를 통해 다시금 힘을 얻고 승리하게 된다.

루터가 마지막으로 그의 동료들과 나눈 대화는 우리가 하늘나라에서 서로를 알아볼 수 있을지에 관해서였다. 이 대화 내용에 루터의 제자 요한네스 마테지우스(Johannes Mathesius)는 깊은 감동을 받았고, 후일 자신의 마지막 설교를 이 주제로 하게 된다. 마테지우스는 예수님께서 "나인 성에서 일으키신 청년"에 관해 설명하며 이 주제를 다뤘다.

이 대화를 마지막으로 루터는 생을 마감했다. 옆에서 임종을 지켜보는 이 가운데 어떤 이가 루터의 글 중에서 위로가 될 만한 것을 읽었다. 그러자 루터가 말하기를, "지금 나의 글을 읽지 말기 바랍니다. 그 글을 쓸 때, 만일 지금과 같은 심정이었다면 다른 글이 나왔을 겁니다. 내 글을 읽어 주며 위로를 해주는 것은 내게 아무런 도움이 안 됩니다"라고 했다. 그러나 루터는 곧 다시 마음을 다잡고 마음의 위로를 얻었다. 그리고는 경건한 마음으로 평화롭게 죽음을 맞이하였다.

마틴 부처(Martin Bucer)가 침상에 누워있을 때, 존 브래드포드는 강단에 오르며 그를 위해 기도하겠노라 했다. 그러자 부처는 울면서 "주여! 내 노년의 때에 나를 버리지 마옵소서. 내가 기력이 다 쇠하나이다. 나를 매로 다스리시되, 부디 버리지는 마옵소서."라고 말했고 힘을 내 마귀에 대적하라는 주변의 충고에 부처는 "내가 마귀와 무슨 상관이 있단 말입니까? 난 오직 그리스도 안에 거합니다. 단지 주님의 그 큰 위로를 얻지 못할까 두려울 뿐입니다."라고 대답한다.

독일 하이델베르크 지역의 교수이자 궁정 설교자인 카스프 올레비아누스(Caspar Olevianus)는 임종 직전 자신이 받은 환상과 심경에 대해 "어제 두 젊은 공작이 떠난 뒤 늘 그렇듯 약 네 시간가량을 기쁨에 휩싸여 있었습니다. 아내와 어머니가 왜 기분이 좀 좋아졌냐고 묻는지 이해가 되지 않았습니다. 그 이상 더 어떻게 좋아질 수가 없기 때문이죠. 하늘에서 내린 이슬이 가득한 들판을 거니는 기분이었습니다. 몇 방울이 아니라 온 들판 가득 내려 내 영혼과 육신에 기쁨을 충만케 해 주었죠."라고 얘기한다. 누군가 그에게 "선한 목자되신 그리스도 예수께서 교수님을 그 분의 푸른 초장으로 인도하신 거군요."말했을 때 올레비아누스는 답하기를, "맞습니다! 생수의 근원으로 나를 인도하신 것이지요."라고 했다.

살로몬 게스너(Salomon Gessner)는 독일 비텐베르크에서 교수로 지냈다. 그의 임종을 지켜보던 지인들이 마귀의 시험에 대적하도록 위로하려 하자 게스너는 "나는 마귀 따위와는 아무런 상관이 없습니다. 내가 질병으로 고통 받고 있을 때에도 마귀 때문에 위로를 얻지 못한 적은 없었죠. 마귀보고 올 테면 와보라고 하십시오. 와서 나를 또 공격하고 자기 힘을 과시해보라고 하십시오. 내 비록 죄인이지만, 마귀 따위의 공격을 두려워하지는 않습니다. 나는 하나님께 죄인이지 마귀에게 죄를 지은 것이 아니기 때문이죠. 마귀가 접근한다면 이스라엘 민족이 광야에서 그랬던 것처럼 놋 뱀을 바라보도록 할 것입니다. 물론 아무런 소용이 없을 수도 있겠죠. 나는 다시 마귀에게 십자가에 달리신 하나님의 아들을 보여줄 것입니다. 그리고는 이렇게 말할 것입니다. '나는 오직 한 분이신 하나님께 죄를 지은 것이지 너에게 지은 것이 아니다. 나는 오직 그 분만 의지하련다. 하나님의 아들께서 온 세상을 대속하신 것처럼, 하나님 아버지께 내 죄 값을 치르셨기 때문이다. 그러니 너 마귀여, 나에게서 떠나거라! 너의 활을 여자의 후손이신 예수님께 겨냥하고, 만일 그 분을 이길 수 있거든 나를 취하거라." 이렇게 말한다.

스코틀랜드의 개혁가이자 에딘버러 지역의 목회자였던 존 낙스(John Knox)는 왜 그렇게 낙심해 있냐는 주변의 질문에 이렇게 대답한다.

"내 덧없는 일생 가운데 마귀는 수도 없이 나를 공격하고 시험하려 했었죠. 그러나 이번만큼은 마귀가 온 힘을 다해 공격하는 것 같습니다. 으르렁대는 사자처럼 나를 집어 삼키고는 타락시키려고 말이죠. 무엇보다도 마귀는 계속 내 죄악들을 상기시키고는 나를 낙심에 빠트리려 합니다. 그리고는 지속적으로 나를 세상의 유혹에 굴복시키려고 시도하죠 하지만 하나님의 말씀의 검 앞에 마귀는 아무것도 이뤄낼 수 없었습니다. 그러자 마귀는 다른 방법을 사용합니다. 교활한 뱀처럼 다가와서는 내가 신실하게 하나님을 섬겼기에 하늘나라와 영원한 삶을 얻었다고 속삭였죠. 나는 하나님께서 하신 말씀을 가지고 이러한 간교한 속삭임을 물리칠 수 있었습니다. "네게 있는 것 중에 받지 아니한 것이 무엇이냐?"와 "내가 나 된 것은 하나님의 은혜로 된 것이니," "내가 한 것이 아니요 오직 나와 함께 하신 하나님의 은혜로라" 등의 말씀으로 마귀를 쳐부수고 그의 화살을 부러뜨린 것입니다. 승리를 허락하신 하나님 아버지께 그리스도 예수로 말미암아 감사드릴 뿐입니다. 이제는 더 이상 마귀의 공격 따윈 없을 것입니다. 잠시 후면, 육체의 고통과 영혼의 두려움이 사라지고 영원하고 복된 삶이 그리스도를 통해 주어질 것입니다."

이렇듯 하나님께서는 그의 자녀들에 구원의 은혜를 허락함으로써 그들이 위로와 새롭게 됨을 경험하도록 하신다. 아무리 큰 시련 가운데 있더라도, 최소한 죽음 직전에는 이러한 위로를 허락하시는 것이다. 로베르투스 롤로쿠스는 생을 마치며 이런 말을 남겼다. "하나님의 진노의 손에 떨어진다는 것이 얼마나 두려운 일인지요. 하지만 예수 그리스도로 말미암아 자비가 허락되었습니다. 그런데도 왜 자꾸 나를 낙담케 합니까? 왜 자꾸 나를 요동케 합니까? 여러분들도 곧 그 분의 얼굴을 뵈오며 그 분과 교제하는 은혜를 통해 저와 같은 심정을 느끼게 될 것입니다." 영국의 왕 헨리 8세는 생을 마감하는 순간에 자신의 과거 죄악들을 돌아보며 "그리스도의 은혜는 내 모든 죄를 사하기에 충분하도다. 설사 내 죄가 더 사악한 것들이었을지라도 그 분의 은혜는 크기가 한량없도다."라고 고백한다.

SPIRITUAL
Depression & Recovery

15장 하나님의 위로

고난을 이겨내고 위로를 얻을 수 있도록 우리에게 허락되는 방법

chapter 15

그 때에 여호와께서 폭풍우 가운데에서 욥에게 말씀하여
이르시되 (욥 38:1)

하나님께서 잠시 우리를 버리신 것처럼 보이지만 언젠가 다시
찾아오셔서 우리에게 응답하신다. 어거스틴도 이에 "선하고 전능하
신 주님, 주님은 마치 한 사람을 보살피듯 우리 모두를 돌보아 주십
니다. 한 사람 한 사람을 동일하게 보살펴주십니다."라고 동의한다.
하나님께서는 바람이나 지진이나 불 가운데 계시지 아니하셨고, 세
미한 소리 가운데 계시는 것이다(왕상 19:11-13).

지금까지 우리는 영적 침체의 본질과 위로의 특성, 영적 침체로
부터 벗어나는 방법에 대해 살펴보았다. 이제 마지막으로 영적 침체
에서 구원받는 것 자체에 대해 얘기하고 이것이 무엇을 향한 것인지
알아보고자 한다.

너희의 하나님이 이르시되 너희는 위로하라 내 백성을 위
로하라 너희는 예루살렘의 마음에 닿도록 말하며 그것에게

외치라 그 노역의 때가 끝났고 그 죄악이 사함을 받았느니
라 (사 40:1-2)

우리 앞에 놓인 고통의 벽 저 너머에서 우리를 지켜보기만 하시
던 그리스도께서, 태양 빛이 자욱한 구름과 안개를 통과하듯 우리에
게 다가오심을 의미한다. 그리고는 우리의 어둡고 낙심에 찬 영혼에
빛을 비추시고 소생케 하시는 것이다.

우리에게 선을 보일 자 누구뇨 하오니 여호와여 주의 얼굴
을 들어 우리에게 비추소서 (시 4:6)

주께서 나의 등불을 켜심이여 여호와 내 하나님이 내 흑암
을 밝히시리이다 (시 18:28)

하나님께서 비추시는 빛으로 인해 우리의 영혼이 밝혀지고 따뜻
하게 된다. 간절히 기다리는 자들에게 하나님께서 응답하신 것이다.

일어나라 빛을 발하라 이는 네 빛이 이르렀고 여호와의 영
광이 네 위에 임하였음이니라 (사 60:1)

메마른 땅에 비가 내리듯 하나님께서 "목마른 자에게 물을 주며
마른 땅에 시내가 흐르게" 하심을 의미한다(사 44:3; 참조. 욥

29:23). 이는 "마치 추수하는 날에 얼음 냉수 같아서… 목마른 사람에게 냉수" 같은 것이며(잠 25:13, 25), 이사야의 기록처럼 "쬐이는 일광 같고 가을 더위에 운무"와 같다(사 18:4). 그러나 이것이 이루어지기까지는 그 기다림이 길 수도 있다.

> 은혜의 때에 내가 네게 응답하였고 구원의 날에 내가 너를
> 도왔도다 (사 49:8)

그레고리는 "모든 성도들의 삶에는 세 번의 전환점이 있습니다. 회심과 시련, 죽음이라는 인생의 과정에서 고통과 두려움을 이겨내고 기쁨과 위로를 경험하게 되는 것이지요. 이 때 겪는 고통이 크면 클수록 그 뒤에 따라오는 기쁨이 배가 되는 것입니다."라고 설명한다. 하나님으로부터 버림 받음을 경험하고 그의 은혜를 느끼지 못하는 것은 실로 형언할 수 없는 큰 고통임이 분명하다. 그렇기에 우리는 이러한 극심한 시련 속에서 영적 침체를 겪게 되고, 마귀는 이때를 노리고 우리의 외롭고 불쌍한 영혼을 공격하기 시작한다. 우리의 영혼은 짓밟히고 산산 조각나기도 한다. 다윗의 기도는 이런 심정을 잘 반영한다.

> 내 생명을 칼에서 건지시며 내 유일한 것을 개의 세력에서

구하소서 (시 22:20)

그러나 이사야는 분명히 기록하고 있다.

> 내가 여호와로 말미암아 크게 기뻐하며 내 영혼이 나의 하
> 나님으로 말미암아 즐거워하리니 이는 그가 구원의 옷을
> 내게 입히시며 공의의 겉옷을 내게 더하심이 신랑이 사모
> 를 쓰며 신부가 자기 보석으로 단장함 같게 하셨음이라
>
> (사 61:10)

예수님께서도 우리에게 말씀하셨다.

> 여자가 해산하게 되면 그 때가 이르렀으므로 근심하나 아
> 기를 낳으면 세상에 사람 난 기쁨으로 말미암아 그 고통을
> 다시 기억하지 아니하느니라 지금은 너희가 근심하나 내가
> 다시 너희를 보리니 너희 마음이 기쁠 것이요 너희 기쁨을
> 빼앗을 자가 없으리라 (요 16:21-22)

> 여호와께 노래하라 너희는 하나님을 찬양하라 가난한 자의
> 생명을 행악자의 손에서 구원하셨음이니라 (렘 20:13)

다윗은 이렇게 노래했다.

> 여호와를 찬송함이여 내 간구하는 소리를 들으심이로다 여

호와는 나의 힘과 나의 방패이시니 내 마음이 그를 의지하
여 도움을 얻었도다 그러므로 내 마음이 크게 기뻐하며 내
노래로 그를 찬송하리로다 (시 28:6-7)

여호와를 찬송할지어다, 견고한 성에서 그의 놀라운 사랑을
내게 보이셨음이로다 (시 31:21)

우리가 알 수 있는 사실은 이러한 구원의 손길이 예기치 않은
때에 갑자기 찾아온다는 것이다. 순교자들의 삶을 통해 보았듯이 이
세상을 떠나기 직전에 위로가 찾아오는 경우가 매우 많다.

그리하면 네 빛이 새벽 같이 비칠 것이며 네 치유가 급속할
것이며 (사 58:8)

내 사랑하는 자의 목소리로구나 보라, 그가 산에서 달리고
작은 산을 빨리 넘어오는구나 (아 2:8)

물론 하나님의 구원이 늦게 임하는 경우도 있다. 욥기에는 이러
한 의미의 구절이 두 차례나 기록되어 있다. "그 때에 여호와께서 폭
풍우 가운데에서 욥에게 말씀하여 이르시되"(욥 38:1; 40:1). 어거스
틴은 이에 대해 "주님, 주님께서는 어떤 모양으로 나타나시는지요?
주님의 오심을 어떻게 알 수 있을런지요? 우리가 흘리는 눈물과 우리
가 내뱉는 탄식이 주님께서 주시는 위로와 기쁨을 예비하는 것인지

요?"라고 질문한다. 어거스틴이 말하고자 했던 바는 우리가 탄식하고 슬피 우는 중에 그러한 시련들이 해결되고 사라질 수 있기 때문에 눈물과 탄식이 우리에게 좋을 수도 있다는 것이다. 그러므로 우리의 영혼은 한숨 가운데 예수 그리스도를 바라보기 시작하며, 그 분의 옷자락이라도 잡고자 애쓰게 된다. 그리고 앞으로 더 나아가기 위해 그리스도에 관련된 아주 작은 발견에도 모든 것을 내걸게 된다.

귀도 드 브레는 순교하며 "주여, 나를 떠나지 마소서. 그리하여 내가 주를 떠나지 않게 하소서" 기도했다. 앤나 부르주(Anna Bourges)도 같은 기도를 드렸다. 다윗은 "나의 영혼이 주를 가까이 따르니"라고 고백했다(시 63:8). 우리는 그 분의 어느 한 부분이라도 잡게 되면 놓치지 않으려 한다. 야곱처럼 말이다.

> 당신이 내게 축복하지 아니하면 가게 하지 아니하겠나이다
>
> (창32:26)

누가복음에 기록된 무리들도 이러했다.

> 무리가 찾다가 만나서 자기들에게서 떠나시지 못하게 만류하려 하매 (눅 4:42)

엠마오라 하는 마을의 제자들도 이런 모습을 보여주었다. "그들이 강권하여 이르되, '우리와 함께 유하사이다, 때가 저물어가고 날이 이미 기울었나이다' 하니, 이에 그들과 함께 유하러 들어가시니라"(눅 24:29). 룻이 시어미인 나오미에게 말한 것도 비슷하다.

> 내게 어머니를 떠나며 어머니를 따르지 말고 돌아가라 강권하지 마옵소서 어머니께서 가시는 곳에 나도 가고 어머니께서 머무시는 곳에서 나도 머물겠나이다 (룻 1:16)

엘리사는 엘리야게 "여호와께서 살아 계심과 당신의 영혼이 살아 있음을 두고 맹세하노니 내가 당신을 떠나지 아니하겠나이다" (왕하 2:2) 라고 말했다.

우리가 구원자를 붙잡는 것은 마치 밧줄 하나로 배를 지켜낸 아테네 사람과 유사하다. 한 쪽 팔을 쓸 수 없게 되자 그는 반대편 팔을 사용해서 배를 단단히 고정시켰고, 나머지 팔마저 쓸 수 없게 되자 이로 밧줄을 악물고 배를 지켜냈다. 마찬가지로 우리도 끝까지 붙잡은 것을 놓지 않는다.

> 여호와여 주께서 심판하시는 길에서 우리가 주를 기다렸사오며 주의 이름을 위하여 또 주를 기억하려고 우리 영혼이 사모하나이다 밤에 내 영혼이 주를 사모하였사온즉 내 중

심이 주를 간절히 구하오리니 (사 26:8-9)

아가서의 신부는 "마음에 사랑하는 자를 만나서 그를 붙잡고…
놓지 아니하였노라"(아 3:4)이렇게 고백한다. 예수께서 제자들에게
자신을 떠나겠냐고 묻자, 베드로는 "우리가 누구에게로 가오리이
까?" 하고 대답한다(요 6:68). 또한 예수께서는 과부의 비유를 통해
끈기와 충성을 요구하시며 말씀하셨다.

> 하물며 하나님께서 그 밤낮 부르짖는 택하신 자들의 원한
> 을 풀어 주지 아니하겠느냐 그들에게 오래 참으시겠느냐
>
> (눅 18:7)

이제 "하나님이여, 우리를 위하여 행하신 것을 견고하게 하소
서" (시 68:28) 라고 기도하자. 이처럼 구원은 우리가 어둠 가운데서
영적 침체를 극심하게 겪고 있을 때 찾아오는 것이다. 알렉산드리아
출신의 유대인 저술가 필로는 인간의 도움이 희미해질수록 하나님의
도움이 가까워진다고 말했다. "형제들이여, 용기를 냅시다. 우리의
적 카이우스가 우리를 대적하여 일었지만, 하나님께서는 분명히 우
리를 도우실 것입니다." 아브라함이 자신의 외아들을 하나님께 희생
제물로 받치려고 칼을 든 순간, 하나님께서 찾아오셔서 "아브라함아,
아브라함아!" 하고 그를 부르셨습니다. 니콜라스 루소(Nicolas

Russeau)는 이렇게 설명한다. "하나님께서는 핍박이 최고조에 이르 렀을 때 그의 자녀들을 도우십니다. 그래야만 구원과 도움이 다른 어 떤 것이 아닌 하나님께로부터 나왔음이 분명해지기 때문이죠."

하나님께서 우리를 구원하실 때, 가장 먼저 고통이 약화되거나 완화된다. 고통이 참을만한 것처럼 느껴지게 되고, 이제 우리는 한숨 을 돌리며 "주께서 전에는 내게 노하셨사오나 이제는 주의 진노가 돌 아섰고 또 주께서 나를 안위하시오니 내가 주께 감사하겠나이다" (사 12:1) 이렇게 고백하게 된다.

하나님께서 살며시 구원의 손길을 드시고는 우리가 그것을 바 라보도록 하신다.

> 주는 나를 용서하사… 나의 건강을 회복시키소서 (시 39:13)

환자의 병이 조금씩 나아지며 건강을 되찾게 되는 것처럼 우리 의 구원도 그렇게 임하는 것이다.

그런 다음에는 지금까지 우리를 위협하고 병들게 했던 모든 고 통이 사라지게 된다.

학대가 네게서 멀어질 것인즉, 네가 두려워하지 아니할 것
이며 공포도 네게 가까이하지 못할 것이다 (사 54:14)

우리를 억누르던 죄에 대한 부담도 사라지게 된다.

내가 네 허물을 빽빽한 구름 같이 네 죄를 안개 같이 없이
하였으니 너는 내게로 돌아오라 내가 너를 구속하였음이니
라 (사 44:22)

내가 잡혀 있는 자에게 이르기를 나오라 하며 흑암에 있는
자에게 나타나라 하리라 그들이 길에서 먹겠고 모든 헐벗
은 산에도 그들의 풀밭이 있을 것인즉 그들이 주리거나 목
마르지 아니할 것이며 더위와 볕이 그들을 상하지 아니하
리니 이는 그들을 긍휼이 여기는 이가 그들을 이끌되 샘물
근원으로 인도할 것임이라 (사 49:9-10)

세 번째 단계에서는 하나님 안에서 평화와 안식을 누리게 된다.
오랜 기간 우리가 겪었던 몸부림과 혼란이 사라지게 되는 것이다.

그들을 긍휼히 여기는 이가 그들을 이끌되 샘물 근원으로
인도할 것임이라 (사 49:10)

시편에도 잘 나타나 있다.

> 내 영혼아 네 평안함으로 돌아갈지어다 여호와께서 너를
> 후대하심이로다 주께서 내 영혼을 사망에서 내 눈을 눈물
> 에서 내 발을 넘어짐에서 건지셨나이다 (시 116:7-8)

어거스틴은 고백하기를, "우리가 주를 위해 창조되었기에, 우리
의 영혼이 주 안에서 안식을 찾기 전까지는 그 어느 곳에서도 안식할
수 없나이다"라고 했다.

네 번째, 우리는 하나님의 구원으로 인해 다시금 기쁨을 누리게
된다. 구원의 확신을 느낌으로 얻게 되는 기쁨으로 우리가 가장 집중
해서 살펴보아야 할 부분이다. 어거스틴은 "그 누가 우리에게 기쁨을
주겠으며, 그 누가 기쁨의 근원을 만들었겠습니까?"라고 했으며 이
사야 선지자도 같은 심정으로 "전에는 네가 버림을 당하며 미움을 당
하였으므로 네게로 가는 자가 없었으나 이제는 내가 너를 영원한 아
름다움과 대대의 기쁨이 되게 하리니"(사 60:15)라고 말했다.

> 영원한 기쁨이 그들의 머리 위에 있고, 슬픔과 탄식이 달아
> 나리이다 (51:11)

> 그러므로 너희가 기쁨으로 구원의 우물들에서 물을 길으리

로다 (12:3)

시편에도 "그의 영혼은 평안히 살고"(시 25:13) 이렇게 기록되어 있다.

그 때에 우리 입에는 웃음이 가득하고, 우리 혀에는 찬양이
찼었도다 (시 126:2; 참조. 사 25:9; 29:19)

느헤미야는 "여호와로 인하여 기뻐하는 것이 너희의 힘이니라"고 했다(느 8:10). 전에는 마냥 슬퍼하고 앉아있는 것이 최선이었지만, 이제 하나님께서 주시는 기쁨과 구원, 위로가 최선의 것이 되었다. 우리의 고난을 무겁게 하셨던 분께서 이제 다시 우리에게 기쁨을 허락하시는 것이다.

심히 즐거워하였으니 이는 하나님이 크게 즐거워하게 하셨
음이라⋯ 예루살렘이 즐거워하는 소리가 멀리 들렸느니라
(느 12:43)

추수하는 즐거움과 탈취물을 나눌 때의 즐거움 같이 그들
이 주 앞에서 즐거워하오니 (사 9:3)

다윗은 이렇게 고백한다.

"주께서 내 마음에 두신 기쁨은 그들의 곡식과 새 포도주가 풍성할 때보다 더하니이다" (시 4:7), "주를 두려워하는 자를 위하여 쌓아 두신 은혜가 어찌 그리 큰지요 (시 31:19)" 이는 마치 기쁨에 취하고 성령에 취한 것과 같다. 구원을 얻게 됨으로써 이전의 슬픔보다 더 큰 기쁨을 맛보게 된다.

> 우리를 괴롭게 하신 날수대로와 우리가 화를 당한 연수대로 우리를 기쁘게 하소서 (시 90:15)

욥은 구원을 통한 갑절의 축복을 경험한 사람이었다.

> 욥이 그의 친구들을 위해 기도할 때 여호와께서 욥의 곤경을 돌이키시고 여호와께서 욥에게 이전 모든 소유보다 갑절이나 주신지라 (욥 42:10)

주님께서 이러한 기쁨을 지속시켜 주신다.

> 겸손한 자에게 여호와로 말미암아 기쁨이 더하겠고 사람 중 가난한 자가 이스라엘의 거룩하신 이로 말미암아 즐거워하리니 (사 29:19)

그렇다. 주님께서 분명히 우리에게 기쁨을 주신다는 것을 알 수 있다.

> 영원한 자비로 너를 긍휼히 여기리라 네 구속자 여호와께
> 서 말씀하셨느니라 (사 54:8)

> 전에는 네가 버림을 당하며 미움을 당하였으므로 네게로
> 가는 자가 없었으나 이제는 내가 너를 영원한 아름다움과
> 대대의 기쁨이 되게 하리니 (사 60:15)

"영원한 기쁨이 그들의 머리 위에 있고"라는 구절도 그 증거가
된다(사 51:11). 버나드는 아가서에 대해 설교하며 "사랑하는 주님,
주님께서 저를 고통가운데서 얼마나 자주 구원해 주셨는지요? 두려
움에 가득 차 눈물 흘리며, 이루 말할 수 없는 탄식과 한숨을 내뱉을
때마다, 얼마나 자주 제 상한 심령 위에 자비와 기쁨으로 기름 부어
주셨는지요? 낙심에 빠져 기도할 때마다 주님께선 나를 일으켜주셨
고 주님의 은혜를 신뢰하게 하셨습니다."라고 말한다. 치열한 전투를
경험해본 이들만이 주님께서 상심한 자들을 치료하시고 그들의 상처
를 싸매시는 분임을 깨달을 수 있다(시 147). 아직 이러한 사실을 깨
닫지 못하는 이들은 "주 여호와의 영이 내게 내리셨으니, 이는 여호
와께서 내게 기름을 부으사, 가난한 자에게 아름다운 소식을 전하게
하려 하심이라. 나를 보내사 마음이 상한 자를 고치며"(사 61:1; 눅
4:18)이 말씀만이라도 신뢰하도록 위로하자. 여전히 의심하는 이들

이 있다면 "나는 인애를 원하고 제사를 원하지 아니하며"라는 구절이 무엇을 의미하는지 숙고하게끔 하자.

버나드는 이렇게 설명하기도 했다.

"전능하신 분께서 큰 자애를 가지시고 우리에게 내려오셔서는 우리의 약함을 대신하여 자신을 내어주셨다는 사실에 기쁨을 멈출 수가 없습니다. 가장 높으신 삼위일체 하나님께서 친히 우리와 혼인을 약속하시고는 그의 신부에게 사랑을 나타내시는 것을 부끄러워하지 않으셨습니다. 지금 우리가 읽는 그대로 하늘나라에서 이루어질 것입니다. 성경에 기록된 그대로를 경험하는 것이지요. 물론 지금 우리는 그것을 정확하게 표현할 수도 없고, 이미 경험하고 있는 것과도 다를 것입니다. 그러나 이미 이 땅에서 하나님의 품에 안겨 하나님의 어루만지심과 그 분의 보호하심을 경험하는 이들은 하늘에서 이보다 더 큰 무엇을 경험하리라 생각하지 않겠습니까?"

크리소스톰도 자신의 설교집을 통해 이러한 영적인 기쁨에 대해 언급하고 있다.

순교자들 중에는 죽음을 코앞에 두고도 이러한 영적 기쁨을 충만하게 경험하고 이를 증거하며 세상을 떠난 이들이 많이 있다. 하나님께서는 이 땅에서 그의 자녀들을 큰 핍박과 무거운 십자가로 부르시기도 하지만, 이 땅을 떠나기 전 다시금 하늘의 큰 기쁨을 맛보도록 하신다. 독일 바젤의 교육자였던 아돌프 클라렌바흐(Adolf Clarenbach)는 쾰른에서 1529년 화형을 당했다. 그는 몸과 마음에 기쁨이 가득하다고, 세상의 그 어느 누구도 자신보다 기쁘지 않을 것이라고 큰 소리로 외치며 화형대로 올랐다.

안나 애스큐(Anna Askew)라는 영국 귀족 여성은 1546년 감옥에서 자신의 신앙 고백서에 서명을 하며 "나 안나 애스큐는 다른 어떤 것을 바라지도, 죽음을 두려워하지도 않으며, 단지 하늘나라로 향하는 사람처럼 마음에 기쁨만이 가득할 뿐입니다."이렇게 고백한다.

당시 로잔에서 학생으로 있었던 피터 스크라이바(Peter Scriba)는 1557년 "제가 지금 이 고통 가운데 느끼는 아주 작은 위로와 기쁨은 내 평생 경험한 기쁨보다 훨씬 큽니다."이런 고백을 남겼다. 피터 베르기에르(Peter Bergier)는 1555년 화형대에서 순교하며 "오 주님, 주님의 이름이 얼마나 사랑스럽고 달콤한지요." 이렇게 외쳤다. 디오니시우스 페로퀸(Dyonysius Peloquin)은 1553년 아내에게 "지금껏 살아오면서 지금처럼 진정한 기쁨과 만족을 느낀 적이 없소. 선하신 하나님께서 은혜와 자비를 허락하셨고, 이제 곧 나를 하늘나라로 인도하셔서 내 모든 고통과 슬픔을 끝내주실 것을 느낄 수 있기 때문이오."이렇게 편지를 썼다. 프란치스코 감바라는 이탈리아

인은 1555년 "제 마음은 위로가 차고 넘칩니다. 인간의 감각이나 이해로는 알 수 없는 기쁨이 제 안에 있기 때문이죠."이렇게 고백했다. 루이 파칼(Louis Pachal)은 이전 교회의 회중들에게 "예수 그리스도를 위해 제 자신을 드릴 시간이 다가올수록 제 마음 속에는 기쁨과 즐거움이 더욱더 가득해진답니다. 진정 뭐라 표현할 수 없는 기쁨으로 인해, 감옥에서 풀려나 자유롭게 된 것만 같습니다. 저는 이미 그리스도를 위해 죽을 각오가 되어있습니다. 할 수만 있다면 천 번이라도 기꺼이 목숨을 버릴 것입니다."라고 편지하였다. 1567년, 귀도 드 브레는 "사랑하는 형제들이여, 깨끗한 양심을 소유한다는 것이 얼마나 즐거운 일인지요! 내 안에 가득한 큰 기쁨을 무슨 말로 표현해야 할지 모르겠습니다."이렇게 말하며 순교했다.

큰 고난을 겪은 성도들은 하늘의 큰 기쁨을 경험하게 된다. 고난 가운데 하나님께서 허락하시는 구원의 손길은 반드시 이러한 기쁨을 수반하기 때문이다. 1555년 순교한 폼포니우스 알게리우스(Pomponius Algerius)의 편지에는 그가 경험한 기쁨이 잘 나타나 있다. 그는 이탈리아 카푸아에서 태어났다. 그 후 파도바에서 공부하던 중, 교황의 명령으로 체포되었고 베니스를 거쳐 로마로 압송되어 화형 당하게 된다. 알게리우스는 베니스의 한 감옥에 갇혀 순전한 진리를 쫓는 믿음의 형제들에게 이렇게 편지했다.

"나로 인해 근심하고 있을 여러 형제자매들에게 내가 맛보고 있는 기쁨과 즐거움을 전하며, 주 안에서 함께 이 기쁨을 누리기를 소망합니다. 믿을 수 없겠지만 사자의 소굴에서 꿀이 가득한 벌집을 발견한 것 같습니다. 누가 이것을 믿을 수 있겠습니까? 깊은 흑암의 동굴에서 천국을 찾았다는 것을 어느 누가 상상이나 할 수 있겠습니까? 슬픔과 죽음만이 가득한 곳에서 삶의 안식과 희망을 발견했다는 것을, 지옥의 입구 같은 곳에서 영혼이 기뻐하고 있다는 것을 상상인들 하겠습니까? 모두가 눈물만을 흘리는 곳에서 기쁨을 누린다는 것이 믿기지 않겠지요? 다른 이들이 두려움에 떨고 있을 때 용기와 기운이 가득해진다는 것! 누군들 이 사실을 쉽게 받아들이겠습니까? 비참한 상태에서 그러한 기쁨을 누리는 것! 외롭기 그지없는 곳에서 기댈 수 있는 무엇을 발견한다는 것! 사랑하는 형제자매 여러분! 하나님께서 선한 손을 펼치사 내게 이 모든 것을 베푸셨습니다. 보십시오. 멀리 계시기만 하던 하나님께서 이제 바로 내 옆에 계십니다. 그 동안 볼 수 없었던 분을 이제 내가 너무도 분명히 보고 있습니다. 이제야말로 하나님께서 바로 제 옆에 계시는 것이지요. 오랜 시간 기다리고 바라던 분께서 이제 오셔서 그 손을 내미십니다. 나를 위로하시고는 기쁨으로 가득 차게 하십니다. 모든 슬픔을 거두시고 힘과 용기를 주십니다. 나를 치료하시고 새롭게 하실 뿐만 아니라, 내가 계속 앞으로 나아가도록 위로하십니다. 오, 얼마나 선하신 주님이십니까! 그 분께서는 결코 그의 종이 감당할 시험 밖에는 주시지 않으십니다! 하나님의 멍에는 무겁지 않으며, 오히려 기뻐할 만한 것이지요. 누가 우리 전능하신 주와 같으리요, 무거운 짐 진 자를 들어 올리시고 상처받은 자를 치료하십니다. 그 분 같은 분이 또 있습니까? 사랑하는 형제자매들이여, 주님이 얼마나 사랑스럽고 선하시고 자비로우신지 묵상해 보기 바랍니다. 우리가 고난 중에 있을 때 찾아와주시고, 우리가 끔찍하고 더러운 상태에 있을 때 자신을 낮추셔서 우리와 동행해 주시는 분을 말이죠."

요한 모렐리우스는 1558년 감옥에서 이러한 편지를 썼다.

"이번 고난을 겪으며 하나님의 손길이 때로는 지독히도 고통스러울 수 있다는 것을 배웠습니다. 그럼에도 하나님께서는 그 분의 자녀들에게만큼은 항상 자비를 베푸십니다. 때로 넘어지게도 하시지만, 결코 짓밟히도록 내버려 두지는 않으시지요. 저에게 다시 한 번 이런 이해할 수 없는 은혜를 허락하시고, 나의 모든 죄가 용서받았다는 확신을 주셨습니다. 내 악이 한 때 진홍같이 붉었을지라도, 이제 눈처럼 희게 되었습니다. 이 얼마나 달콤하고 자애로운 소린지요! 내 마음에 큰 기쁨이 가득한 것은, 하늘에 계신 아버지께서 타락하고 버림받았던 아들을 다시금 그 품에 안아주시기 때문입니다. 이제 하나님께서 나를 당신의 손으로 도우시고 인도하시고 가르치실 것을 알게 하셨습니다. 그 동안 내게 주어진 고난은 바로 이것을 깨닫기 위함이었습니다. 시련 가운데 승리할 수 있었던 것은 나의 힘이 아니요, 오직 전능하신 하나님의 은혜와 자비를 인함이었습니다."

그렇기에 우리의 영혼이 전능자의 영광을, 다시 말해 하나님의 모든 선하심과 자비하심을 찬양하지 않을 수 없는 것이다. 우리의 영혼이 시편 기자처럼 소리 높여 외친다.

여호와께서 시온의 포로를 돌려보내실 때에 우리는 꿈꾸는 것 같았도다 그 때에 우리 입에는 웃음이 가득하고 우리 혀에는 찬양이 찼었도다 (시 126:1-2)

이사야 선지자와도 같은 심정을 느끼게 된다.

여호와여 주께서 전에는 내게 노하셨사오나 이제는 주의 진노가 돌아섰고 또 주께서 나를 안위하시오니 내가 주께 감사하겠나이다 (사 12:1)

이사야 44:23과 49:13도 마찬가지의 고백을 기록하고 있다. 또한 기쁨의 표현도 찾아볼 수 있다.

내가 여호와로 말미암아 크게 기뻐하며 (사 61:10)

주께서 나의 슬픔이 변하여 내게 춤이 되게 하시며 나의 베
옷을 벗기고 기쁨으로 띠 띠우셨나이다 (시 30:11)

마지막으로 시편 146:1-2은 "할렐루야 내 영혼아, 여호와를 찬
양하라. 나의 생전에 여호와를 찬양하며, 나의 평생에 내 하나님을
찬송하리로다."이렇게 노래한다.

시편 116:3에 기록된 "사망의 줄이 나를 두르고, 스올의 고통이
내게 이르므로, 내가 환난과 슬픔을 만났을 때에"는 우리가 고난을
겪을 때의 심정을 잘 표현하고 있다. 이 과정이 있었기에 하나님의
은혜가 보다 분명히 드러나고, 우리가 하나님의 구원을 보다 위대하
게 여기고 찬양하게 되는 것이다. 이러한 내용의 고백은 시편에서 계
속 이어진다.

여호와께서 내게 도움이 되지 아니하셨더면 내 영혼이 벌
써 침묵 속에 잠겼으리로다 여호와여 나의 발이 미끄러진
다고 말할 때에 주의 인자하심이 나를 붙드셨사오며 내 속
에 근심이 많은 때에 주의 위안이 내 영혼을 즐겁게 하시나
이다 (시 94:17-19)

이 곤고한 자가 부르짖으매 여호와께서 들으시고 그의 모
든 환난에서 구원하셨도다 (시 34:6)

하나님의 구원이 임하자 우리의 영혼은 노래하기 시작한다.

내가 주의 인자하심을 기뻐하며 즐거워할 것은 주께서 나
의 고난을 보시고 환난 중에 있는 내 영혼을 아셨으며
(시 31:7)

느헤미야는 예루살렘 성전 봉헌을 통해 "이 날에 무리가 큰 제
사를 드리고 심히 즐거워하였으니 이는 하나님이 크게 즐거워하게
하셨음이라 부녀와 어린 아이도 즐거워하였으므로 예루살렘이 즐거
워하는 소리가 멀리 들렸느니라"(느 12:43)라고 설명한다.

우리는 고난에서 구원을 당하며 결코 혼자 기뻐하지 않는다. 주
변의 경건한 친구들과 다 같이 기뻐하게 된다.

예루살렘을 사랑하는 자들이여 다 그 성읍과 함께 기뻐하
라 다 그 성읍과 함께 즐거워하라 그 성을 위하여 슬 피우
는 자들이여 다 그 성의 기쁨으로 말미암아 그 성과 함께
기뻐하라 (사 66:10)

이러한 호소는 다른 이들도 위로하고 강건케 하는 것이다.

> 여호와여 주의 이름을 아는 자는 주를 의지하오리니 이는
> 주를 찾는 자들을 버리지 아니하심이니이다 (시 9:10)

시련을 이겨내고 황량한 광야를 지난 후에 얻게 되는 기쁨이 얼마나 큰 것인지 말로 설명할 수 없다. 불에 타는 듯한 고통과 끝없이 솟아오르는 두려움 속에서 다시 찾아오시는 하나님을 만나고 그 품에 안기는 것은 마치 하늘나라에 거하는 것과 같다.

> 보라 네 아버지와 내가 근심하여 너를 찾았노라 (눅 2:48)

우리의 영혼은 새롭게 마련된 연회장에서 먹고 마시며 기쁨으로 가득하게 된다. 영적으로 살이 찌고 충만케 되는 것이다.

이제 우리의 영혼은 오직 하나님만을 생각하고 그리스도만을 말하게 된다. 우리가 바라는 오직 한 분을 만난 것이다.

> 찾아낸즉 벗과 이웃을 불러 모으고 말하되 나와 함께 즐기
> 자 (눅 15:9)

우리 영혼은 마치 전쟁에서 승리하고 돌아오는 이처럼, 보스라에서 돌아오며 화려한 의복을 입고 걷는 이들처럼(사 63:1), 승리의

노래를 부르며 영원한 '할렐루야'를 외치게 된다. 어거스틴은 "전투에 나선 자만이 승리의 면류관을 약속 받습니다."라고 말했다.